TOUR-SYMBOLE

1	Die POLYGLOTT-Touren
6	Stationen einer Tour
1	Zwischenstopp Essen & Trinken
A1	Die Koordinate verweist auf die Platzierung in der Faltkarte
a1	Platzierung Rückseite Faltkarte

PREIS-SYMBOLE

	Hotel DZ	Restaurant
€	bis 160 EUR	bis 20 EUR
€€	160 bis 240 EUR	20 bis 50 EUR
€€€	über 240 EUR	über 50 EUR

Perfekte Planung > Parallel vordere Klappe aufschlagen

TOP 12 HIGHLIGHTS

1. DUOMO SANTA MARIA NASCENTE > S. 70
2. CASTELLO SFORZESCO > S. 84
3. GALLERIA VITTORIO EMANUELE II > S. 93
4. TEATRO ALLA SCALA > S. 94
5. MUSEO POLDI PEZZOLI > S. 99
6. VIA MONTE NAPOLEONE > S. 101
7. PINACOTECA DI BRERA > S. 110
8. CIMITERO MONUMENTALE > S. 114
9. CORSO COMO > S. 116
10. »DAS ABENDMAHL« VON LEONARDO DA VINCI > S. 122
11. BASILICA DI SANT'AMBROGIO > S. 126
12. DARSENA > S. 137

ZEICHENERKLÄRUNG DER KARTEN

- beschriebene Region (Seite=Kapitelanfang)
- 10 E h Sehenswürdigkeiten
- 4 Tourenvorschlag
- Autobahn
- Schnellstraße
- Hauptstraße
- sonstige Straßen
- Fußgängerzone
- Eisenbahn
- Staatsgrenze
- Landesgrenze
- Nationalparkgrenze

Staz. P.ta Garibaldi F.S.
Via G. Ferrari
Viale
Via M. Quadrio
V. Carlo Farini
Via Volturno
F. Sassetti
Palazzo Lombardia
Via L. Galvani
Filzi
P.za IV Nov.
Staz. Centrale F.S.
P.za Duca D' Aosta
Torre UniCredit
L. Sturzo
P.za Gae Aulenti
Melchiorre
Gioia
Via G. B. Pirelli
Fabio
Via Gen. G. Fara
P.za L. Einaudi
d. Liberazione
V. Pisani
Via Ruggero
Settembrini
Boscovich
P.ta Volta
P.za 25 Aprile
C. Como
P.ta Garibaldi
V.le F. Crispi
B. di P.ta Nuova
P.ta Nuova
Via Marco Polo
V. G. Galilei
P.zle Princ. Clotilde
P.za della Repubblica
Via A. Volta
B. di P.ta Volta
Garibaldi
V. Solferino
Via Nuova
Tenca
Via L.
S. Gregorio
V. Lazzaretto
Tunisia
Corso Buenos Aires
V.le Vitt. Veneto
Bast. di P.ta Venezia
L.go la Foppa
V. Statuto
Solf.
della Moscova
P.ta
Via F. Turati
D. Manin
Giardini Pubblici
Museo Civico di Storia Naturale
Porta Venezia
L.go Treves
S. Marco
Corso
V. Fatabenefratelli
V. Pontaccio
START
Pinacoteca di Brera
V. Borgonuovo
Via Brera
P.za Cavour
Villa Reale
Palestro
Via Marina
Venezia
Viale Luigi Maino
Via Piave
Museo d' Arte e Scienza
V. Merc.
Vetere
V. Pte
Buonaparte
Legnano
V. M. di Pietà
Manzoni
V. Monte Napoleone
Via della Spiga
Via Senato
Corso
Brera S. 108
Teatro a. Scala
V. G. Verdi
P.za Filippo Meda
L.go Cairoli
Via Dante
V. Broletto
P.za d. Scala
C.so G. Matteotti
P.za Babila
C.so Monforte
Via Vivaio
Via G. Donizetti
Galleria
Pal. Marino
Via Meravigli
P.za Cordusio
P.za d. Mercanti
C.so V. Eman. II
Duomo
P.za d. Duomo
Pal. Borromeo
P.za Fontana
L.go Augusto
V. Visc. di Modrone
Via F. Comido
Viale Bianca Maria
Via Premuda
Pal. Reale
Torino
Via Larga
Corso di P.ta Vittoria
Quadrilatero d'oro S. 92
Pal. di Giustizia
P.za Missori
Ca' Granda (Università Statale)
Franc. Sforza
Via S. Barnaba
Rotonda d. Besana
Viale Regina Margherita
S. Lorenzo Maggiore
Via Italia
Corso
Via della Commenda
A. Lamarmora
E. Caldara
Nero
Via Molino d. Armi
Via S. Sofia
Via di P.ta Romana
P.za Card. A. Ferrari
Basilica di S. Eustorgio
Corso
C.so P.ta Vigentina
P.ta Romana
Viale Monte
Piscina Caini
V.le G. Galeazzo
V.le Col di Lana
Viale Beatrice d' Este
V.le A. Filippetti
V. L. Muratori
Viale Bligny
V.le Sabotino
Corso Lodi
Via Tabacchi
G.C. Castelbarco
Parco Ravizza
Via Vittadini
Via G. Ripamonti
Via G. Romano
Viale Tibaldi
Viale Toscana
Viale Isonzo
0
500 m
N

Wandmalerei an der Piazza della Scala

TYPISCH

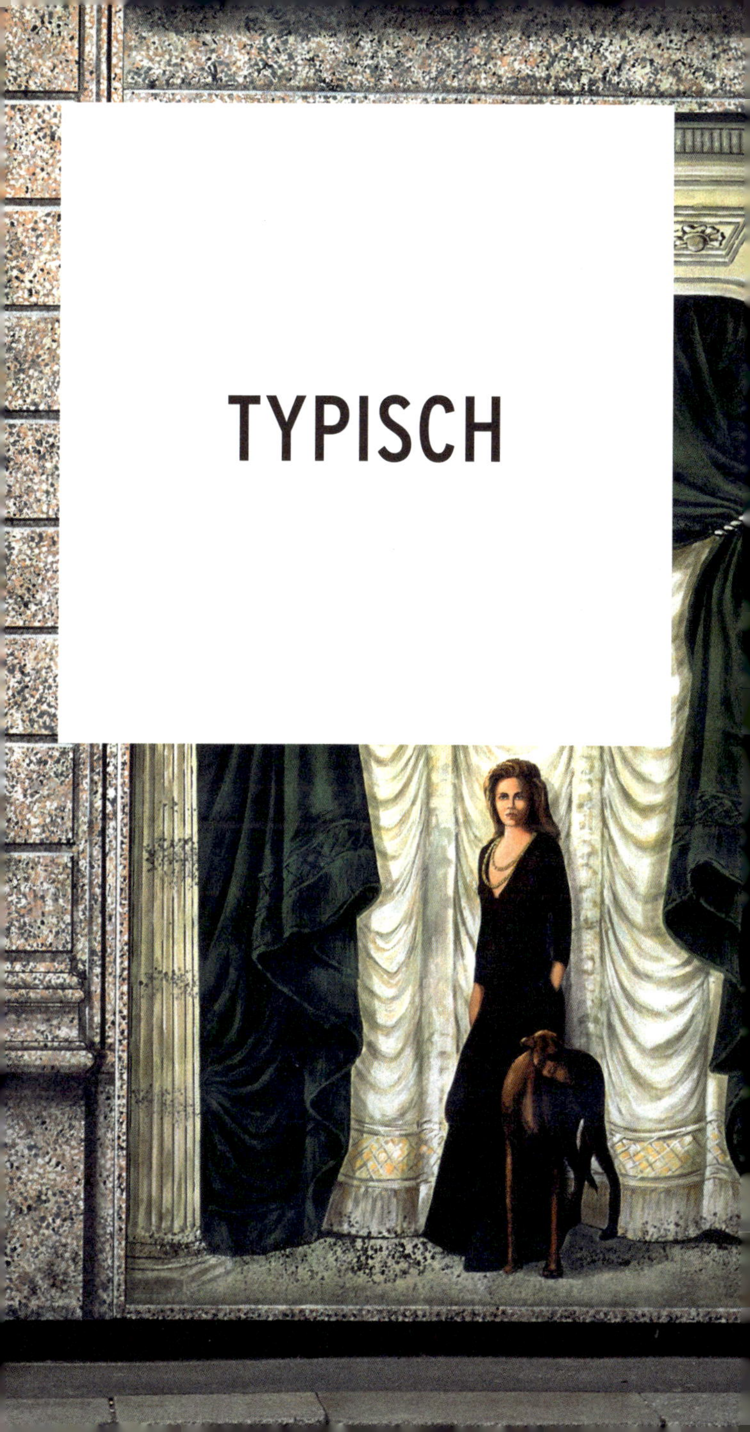

MAILAND IST EINE REISE WERT!

Die pulsierende Hauptstadt der Lombardei hat ganz andere Qualitäten als Rom, Florenz oder Venedig: Das norditalienische Wirtschaftszentrum macht Mode- und Designfreunde glücklich, fasziniert zudem mit hochkarätigen Museen, spannenden Ausstellungen und vielfältiger Architektur.

SUSANNE KILIMANN
hat in Hamburg und Florenz Germanistik und Italienisch studiert und ihr Hobby – das Reisen – zum Beruf gemacht. Als freie Journalistin lebt sie in Berlin und berichtet in Büchern, im Hörfunk und im Internet aus dem In- und Ausland. Dabei gehört ihre Liebe noch immer und vor allem dem Stiefelland.

Es gibt viele Gründe, nach Mailand zu fahren, na klar. Doch für manche Zeitgenossen gibt es eben noch ein paar Gründe mehr. Für das Modevölkchen ist die norditalienische Metropole seit Jahrzehnten ein Mekka. Hier wird zwei Mal im Jahr gezeigt, was demnächst in die Boutiquen der Welt, in die Kleiderschränke und an die Körper modeaffiner Menschen kommt. Während der Fashion Week (im Februar und im September) herrscht Ausnahmezustand in der Stadt, dann sind sie »alle« da: Designer und solche, die es werden wollen, die blutjungen, langbeinigen Geschöpfe,

Volles Haus in der legendären Bar Camparino

Bleiglasfenster im Duomo di Milano

die auf den Schauen »laufen dürfen«, die Großeinkäufer und Heerscharen von Modejournalisten, die für Hochglanzmagazine in aller Welt berichten.

In meinem Leben spielen Marken - nicht nur budgetbedingt - keine große Rolle. Doch eine gewisse Faszination für die Welt der *alta moda* ist geblieben, seit ich als Studentin die elterlichen Zuwendungen durch den Job in einer Hamburger Edelboutique aufgebessert und im steten Wechsel der Jahreszeiten Modenschauen im In- und Ausland besucht habe.

Mailand - das ist für mich der schönste Marktplatz der Eitelkeiten. Die Gegend mit den elegantesten und teuersten Geschäften wird völlig zu Recht Quadrilatero d'oro (Goldenes Viereck) genannt. Hier protzen die Schaufenster mit textilen Luxusgütern zu schwindelerregenden Preisen. Aber es gibt ja auch die Zeiten des Ausverkaufs. Und überhaupt: Menschen, die sich solche Kreationen in beliebiger Menge leisten können, haben oft gar nicht so viel Freude daran. Und so genieße ich dieses berauschende Gefühl, mich für ein großes Stück Arbeit mit einem ganz besonderen Paar Schuhe oder einem anderen Traumstück aus einem dieser Designertempel zu belohnen. Und dann mit der edlen Einkaufstüte und einem gewissen Sonntagsgefühl über die Via Spiga, die Via Monte Napoleone oder durch die Galleria Vittorio Emanuele II, Mailands historische Einkaufspassage, zu spazieren.

Natürlich gehört eine Pause in einem der eleganten Traditionscafés – zum Beispiel in der Pasticceria Marchesi in der Via Santa Maria alla Porta – zu den Dingen, die das Leben angenehm und den Einkaufsbummel in der Mailänder Altstadt zu einem Erlebnis für alle Sinne machen. Manchmal steht mir der Sinn nach einem Drink im Camparino, ebenfalls in der Galleria Vittorio. Die von Davide Campari gegründeten Bar ist so etwas wie die Heimat des bekannten Bitterlikörs. Auch wenn man diesen inzwischen auf der ganzen Welt bekommt, hat die Einkehr auf einen Campari im Camparino einfach Kultcharakter.

Nach ausgiebigem Einkauf und Schaufensterbummel im Quadrilatero d'oro ist es dann Zeit für die anderen Schätze der Stadt – für die Kirchen, die Ausgrabungen aus der Römerzeit, für den berühmten Dom, dessen riesige, farbenprächtige Fenster sein Inneres je nach Tageslicht und Wetter immer ein wenig anders erscheinen lassen.

Abendliches Flanieren und Einkehren in Navigli auf der Ripa di Porta Ticinese

Kunst vom Feinsten – von Meistern wie Tintoretto, Tizian oder Raffael auf die Leinwand gebracht – zeigt die Pinakothek im barocken Brera-Palast. Zu meinen Lieblingskunstadressen in Mailand gehört auch das das Museo del Novecento, welches in einem altehrwürdigen Palazzo Kunst des 20. Jhs. präsentiert.

Obwohl ich im Urlaub gern länger schlafe, zieht es mich an Sommertagen in Mailand auch schon mal ganz früh hinaus. Ich mag es, durch die noch stillen Straßen zu schlendern, die Stadt ein bisschen für mich allein zu haben, schon unterwegs zu sein, wenn die Morgensonne die Fassaden der Palazzi in goldenes Licht taucht, wenn die ersten Ladenbesitzer die Rollläden hochschieben, die Frühstücksbars die Türen öffnen, und der Duft von Kaffee und frischen Brioches nach draußen strömt, dabei zu sein, wenn die Metropole allmählich erwacht. Jeder Tag in Mailand könnte ohnehin doppelt so lang sein. Es gibt so viel zu sehen. Zudem locken mich mit Monza und Como attraktive Ausflugsziele vor die Tore der Stadt.

Abends zieht es mich ins quirlige Brera-Viertel und in die Bars und Cafés an den Navigli, diesen von alten Handwerkerhäusern gesäumten Wasserstraßen. Dort zeigt das so coole und geschäftstüchtige Mailand ganz andere Seiten. Das Ambiente ist nicht so elegant und durchgestylt, sondern entspannt, fast familiär. An den Ufern der Kanäle hat sich die Businessmetropole zum Glück noch romantisch verträumte Inseln bewahrt.

WAS STECKT DAHINTER?

Die kleinen Geheimnisse sind oftmals die spannendsten. Hier werden die Geschichten hinter den Kulissen erzählt.

WARUM HAT DER DOM KEINEN CAMPANILE?

Der Schiefe Turm in Pisa, der Markusturm in Venedig und Giottos Campanile des Florentiner Doms – freistehende Glockentürme sind typisch für die Zentren italienischer Städte. Auch in der lombardischen Metropole wurde die Frage nach einem Glockenturm für die imposante Kathedrale mehrfach diskutiert. Immer wieder aber wurde das Projekt vertagt. Die Bauarbeiten an dem riesigen Gotteshaus zogen sich ja schon über sieben Jahrhunderte hin. Die letzten Planungen für einen Glockenturm stammen aus der Mussolini-Ära. 1938 hieß es noch, Mailand werde den höchsten Kirchturm der Welt bekommen. »Turm des Gedenkens an Siege und Ruhm« sollte das Bauwerk benannt und bis 1942 fertiggestellt werden. Aus dem Sieg der Mussolini-Hitler-Allianz wurde bekanntlich nichts und in Mailand legte man das Campanile-Projekt endgültig ad acta.

WARUM ENDET DIE PANETTONE-ZEIT AM 3. FEBRUAR?

Der Panettone, dieser luftig leichte Topfkuchen, ist ein typisches Mailänder Weihnachtsgebäck – und inzwischen weltbekannt. Wer an den Festtagen oder im neuen Jahr Verwandte oder Freunde besucht, überreicht einen schön verpackten Panettone als Gastgeschenk. Am 3. Februar endet die Weihnachtskuchensaison. Warum ausgerechnet an diesem Tag Schluss ist, wird in Mailand mit einer Legende erklärt. Diese erzählt von einer Frau, die den Weihnachtskuchen zu einem Priester brachte, damit dieser das Gebäck segne. Über die Festtage vergaß die Frau den Kuchen dann aber völlig. Erst am 3. Februar kam er ihr wieder in den Sinn. Inzwischen hatte ihn aber der Priester bis auf den letzten Krümel verzehrt. Als die Frau in seiner Türe stand, wandte er sich in seiner Not an den Schutzheiligen des Tages, San Biagio. Der Heilige ließ ein Wunder geschehen und der Priester konnte einen Kuchen aushändigen, der größer und besser als der erste war.

WARUM SCHMÜCKEN DIE WAPPEN VON TURIN, FLORENZ UND ROM MAILANDS GALLERIA?

Die Einkaufspassage Galleria Vittorio Emanuele II ist Mailands »feiner Salon«. Der Fußboden im zentralen Oktogon wird mit Mosaiken geschmückt. Diese zeigen das Wappen von Mailand und die Symbole dreier anderer Städte. Eine großzügige Geste der Mailänder, damit würdigen sie Turin und Florenz – Städte, die, ebenso wie Mailand, auch mal Italiens Hauptstadt waren und Rom, die aktuelle Kapitale.

50 DINGE, DIE SIE ...

Hier wird entdeckt, probiert, gestaunt, Urlaubserinnerungen werden gesammelt und Fettnäpfe clever umgangen. Diese Tipps machen Lust auf mehr und lassen Sie die ganz typischen Seiten erleben. Viel Spaß dabei!

... ERLEBEN SOLLTEN

❶ **Mailand frühmorgens** Streifen Sie an einem Sommertag durch die noch stillen Straßen der Altstadt, zum Beispiel entlang des Corso Buenos Aires, und erleben Sie, wie die Stadt allmählich erwacht. Anschließend gibt's einen Cappuccino und eine Brioche in der legendären Pasticceria Marchesi F3 (Prada Galleria, Via Monte Napoleone 9; tgl. ab 7.30 Uhr).

❷ **Sundowner in einer schicken Bar** Der perfekte Ort, um nach einem ereignisreichen Tag »runterzukommen« und sich auf einen Ausgehabend einzustimmen, ist die Bamboo Bar im Armani Hotel > S. 31. Im rötlichen Abendlicht sehen auch

Erholung im Grünen – der Parco Sempione vor der imposanten Kulisse des Castello Sforzesco

das Edelambiente und die Menschen darin noch besser aus.

3 Treffen mit Künstlern Fotografen, Bildhauer, Maler – den Kreativen von heute kann man auf den zahlreichen Vernissagen in Mailands Galerien begegnen, z. B. in der Galleria Paola Colombardi D3 (Via Maroncelli 13). Unter www.mymi.it erfährt man, wo und wann welche Ausstellung eröffnet wird.

4 Große Oper erleben Ein Besuch der Mailänder Scala › S. 95 lohnt schon wegen der einmaligen Atmosphäre. Tickets zum halben Preis gibt es für 20 Ballett- und Opernabende im Jahr. Termine und Details unter www.teatroallascala.org, Stichwort »The Season« und dort unter »Scala Aperta«.

5 Sommerabend am Naviglio Grande Entlang der alten Wasserstraße bummelt man vorbei an alten Handwerkerhäusern, in die heute nette Bars und Cafés eingezogen sind. Am besten sichert man sich beizeiten einen Platz auf der Terrasse des El Brellin › S. 47, lässt den Tag mit Blick aufs Wasser ausklingen und die Seele baumeln.

6 Mailand per Rad Zu großen Sehenswürdigkeiten und versteckten Kleinoden führen englischsprachig moderierte, 3½-stündige Fahrradtouren mit jeweils maximal 10 Teilnehmern von Bike & The City. Treffpunkt ist der Eingang des Hotels Crown Plaza E2 (Via Melchiorre Gioia 73, Metro M3 Sondrio). Ein Guide holt die Teilnehmer am Hotel ab, der Fahrradladen, wo die Tour endet, liegt gleich um die Ecke (www.bikeandthecity.it; tgl. um 10, Sa/So auch um 15.30, Juni–Sept. auch Do/Fr um 18.30 Uhr, 40 € inkl. Rad und Helm).

7 Picknick im Parco Sempione Die grüne Oase › S. 88 in der City eignet sich für eine entspannte Genießerpause auf der Decke. Besonders romantisch ist die Kulisse beim Ponte delle Serinette.

8 Relaxen im Schönheitstempel In Mailand werden Körper in luxuriösen Day Spas verwöhnt. Als Tagesgast kann man z. B. im feinen

Hotel Bulgari › S. 107 eine Behandlung buchen (25 Min. Massage ab 80 €) und danach den Pool und die Wellnessanlagen nutzen.

9 Milan und Inter besuchen Das Giuseppe-Meazza-Stadion ist Heimat der legendären Klubs AC Mailand und Inter Mailand. Bei einer Stadiontour wandeln Fußballfans auf den Spuren von berühmten Ballzauberern und Champions. Touren auch auf Deutsch (Piazzale Angelo Moratti, San Siro, Tel. 02 404 24 32, www.sansiro.net; 17 €).

10 Milano bei Nacht Unter dem Sternenhimmel wird die Businessmetropole zur Diva. Das abendliche bzw. nächtliche Mailand kann man auf geführten Touren erleben, z. B. auf der Fahrt durch die Altstadt mit der historischen Tram, die Neiade im Angebot hat (Tel. 02 36 56 56 94, www.neiade.com; 2 Std., 29 €).

... PROBIEREN SOLLTEN

11 Risotto giallo (gesprochen: *dschallo*) ist ein ebenso einfaches wie köstliches Reisgericht aus speziellem Rundkornreis mit Safran, Butter und Parmesan. Dieses und weitere Risotto-Variationen gibt es in der Bottigleria da Pino › S. 35.

12 L'Ossobuco Die zart geschmorte Kalbshaxe wird mit Gremolata serviert, einer feingehackten Mischung aus Petersilie, Rosmarin, Zitronenschale und Knoblauch. Hervorragend schmeckt sie in der Trattoria Testina E2 (Via Abbadesse 19, Centro storico, Tel. 02 403 59 07, www.testina.eu, €€).

Das San-Siro- alias Giuseppe-Meazza-Stadion teilen sich die beiden Mailänder Fußballklubs

13 Cotoletta milanese Kalbskotelett, knusprig paniert, ist eine Spezialität, deren Erfindung die Mailänder für sich reklamieren – auch wenn eine gewisse Ähnlichkeit zum Wiener Schnitzel unübersehbar ist. Eine Institution für Cotolette ist die Trattoria del Nuovo Macello (Via Cesare Lombroso 20, Quartiere Indipendenza, Tel. 02 59 90 21 22, www.trattoriadelnuovomacello.it, €€).

14 Cassoeula Vom legendären Dirigenten Arturo Toscanini heißt es, er habe eine Schwäche gehabt für diesen deftigen Eintopf – ein traditionelles Mailänder bzw. lombardisches Gericht. Zubereitet wird er mit Schweinefleisch und Rotwein. Probieren Sie Cassoeula in der Trattoria Al Bronzetti F5 (Via Fratelli Bronzetti 2, Centro, Tel. 02 749 06 41, €€).

15 Schnecken In der Mailänder Küche haben die *lumache* einen festen Platz und werden mit Zwiebeln, Knoblauch und reichlich Wein zubereitet zur Delikatesse. Köstlich mit Polenta kommen sie in der Antica Trattoria Galeria auf den Tisch (Via Corelli 27, Ortica, Tel. 02 37 07 41 42, www.galeriaanticatrattoria.it, €€).

16 Spargel mit Spiegelei Weil der wilde grüne Spargel an sich schon lecker schmeckt, braucht er nur schlichte Begleiter: etwas Parmesan und ein Spiegelei – das Ganze heißt *Asparagi con uova in cereghin.* Schmeckt gut in der Trattoria La Pobbia (Via Gallarate 92, Zona Certosa, 6 km nordwestlich vom Zentrum, Tel. 02 38 00 66 41, lapobbia.com, €€).

Panettone ist eine Mailänder Kreation

17 Stracchino Etwas Käse nach dem Hauptgericht lässt man sich überall in Italien gern schmecken. Mailänder mögen den Frischkäse aus Kuhmilch, der auch gern mit etwas Honig oder einer pikanten Soße gegessen wird.

18 Panettone Ist Mailands bekannteste Kuchenspezialität. Locker und leicht – so wie der ideale Panettone sein muss – bekommt man ihn in der Pasticceria Marchesi › S. 38.

19 Campari Bestellen Sie einen *Campari Americano* – toll dekoriert mit gekringelter Zitronenschale und einem Schnitzer Orange – natürlich bei Camparino › S. 94.

20 Gelato La Bottega del Gelato › S. 37 ist eine coole Adresse für eiskalten Genuss: Probieren Sie das Sorbet mit Passionsfrucht.

Das Museo Poldi Pezzoli präsentiert hochrangige Kunst des 15. bis 18. Jahrunderts

... BESTAUNEN SOLLTEN

21 Torre Branca bei Nacht Auf der Torre Branca › S. 89 kann man Panoramablicke zu später Stunde genießen. Der Ausflug in die Höhe lässt sich gut mit einem Besuch im angesagten Just Cavalli Café › S. 34 am Fuß des Turms verbinden.

22 Gläserne Farbenpracht im Dom Das vom Eingang aus erste Fenster auf der rechten Seite des Kirchenschiffs mit dem hl. Johannes Evangelista ist noch original aus dem 15. Jh. erhalten › S. 71.

23 Leonardos Tauchanzug In der Biblioteca Ambrosiana › S. 81 wird der »Codex Atlanticus« des Leonardo Da Vinci aufbewahrt. Skizzen und Zeichnungen zeigen u. a., wie sich das Universalgenie Taucheranzüge und Fluggeräte vorgestellt hat.

24 Bronzeschlange in Sant'Ambrogio › S. 128 Das Tier ziert eine der Säulen des Mittelschiffs der Basilika und wurde im Mittelalter wegen seiner angeblich wundertätigen Heilkraft verehrt. Der Legende nach soll die Schlange im Besitz des biblischen Moses gewesen sein.

25 Die Schöne mit dem Knick im Kinn Das Porträt mit Nummer 442 ist das Aushängeschild des Museo Poldi Pezzoli › S. 101. Es zeigt die junge Ehefrau eines Florentiner Bankiers. Reich geschmückt verkörpert die Blonde das Schönheitsideal des 15. Jhs.

26 Jugendstilpalast mit Ohr In der Via Gabrio Serbeloni 10 E5 präsentiert sich ein Prachtstück des Jugendstils: Neben dem Eingang der Casa Sola-Busca zieht eine Öffnung mit einer unheimlichen

Ohrmuschel die Blicke auf sich – eine alte Gegensprechanlage, allerdings außer Funktion.

27 Design-Klassiker Stühle, die Jahrzehnte nach ihrer Konstruktion noch immer avantgardistisch wirken, haben es ins Triennale Design Museum › S. 89 geschafft. Einige Modelle kann man im Museumscafé auf ihren Sitzkomfort testen.

28 Parfüms aller Epochen Die edlen Duftstoffe erzählen viel über den jeweiligen Zeitgeist. Parfüms und kunstvolle Flacons kann man im Museo del Profumo B2 erschnuppern und bewundern (Via Messina 55, Tel. 349 690 10 45, www.museodelprofumo.it; Führungen 10 und 15 Uhr, Anm. erforderlich).

29 Wolkenkratzer im Quartiere CityLife Seit 2009 ist in Mailands Nordwesten ein ultramodernes Viertel mit kühnen Wolkenkratzern und riesiger Fußgängerzone entstanden › S. 63. Durch das futuristisch anmutende Quartier kann man sich auch sachkundig führen lassen (Guides und Termine unter www.milanoguida.com; 12 € p. P.).

30 Wildschwein am Justizpalast An den Arkaden der Piazza dei Mercanti › S. 82 prangt ein Relief aus römischer Zeit mit dem ersten Wahrzeichen der Stadt – einem Wildschwein. Der Legende nach soll ein Keltenführer dort, wo er dem Schwein begegnete, die Siedlung, aus der Mailand wurde, gegründet haben.

… MIT NACH HAUSE NEHMEN SOLLTEN

31 Körperpflege »made in Italy« Der Gourmetshop Eataly D3 vertreibt nicht nur Kulinarisches, auch Cremes und Shampoo mit naturreinem Olivenöl der Serie Rossella Roi (Piazza XXV Aprile 10, Centro storico, www.eataly.net).

32 Coole Wohnaccessoires Schönes und Schrilles für daheim und fürs Büro hält Moroni Gomma › S. 40 bereit, z. B. einen lustigen Zahnbürstenhalter in Form eines Ozeanriesen (14 €).

33 Vintagemode Mäntel, Lederjacken und Boots, die man schon vor Jahrzehnten ausgeführt hat, füllen die Regale und Kleiderständer von Guendj D3 (Ripa di Porta Ticinese 47, www.guendj.com).

Von der Stararchitektin Zaha Hadid geplante Residenzen im Quartier CityLife

Mailänder trinken ihren *caffè* – im Gegensatz zum Cappuccino – zu jeder Tageszeit

34 Designerkleid, Second Hand Kleidung, Taschen und Schuhe so begehrter Modelabels wie Chanel, Hermès und Gucci geben Mailands Fashionfreaks bisweilen nach nur kurzer Tragezeit bei Memory Lane › S. 42 in Zahlung – wo die schönen, gut erhaltenen Teile dann auf neue Besitzerinnen warten.

35 Was Hübsches für drunter Schönes muss nicht teuer sein, das beweist in Italien die auf Dessous spezialisierte Kette Intimissimi. Filialen finden sich an vielen Ecken der Stadt, z. B. für Damen und Herren am Corso Buenos Aires 25 F4 im Quartiere Buenos Aires (www.intimissimi.com).

36 Die »persönliche« Tasche Stilvolle Hand-, Sport- oder Reisetaschen gibt es bei My Style Bags C4. Der Clou: Man kann sich das gute Stück auch gleich mit den eigenen Initialen personalisieren lassen (Corso Garibaldi 71, Centro storico, Tel. 02 87 63 42, www.mystylebags.it).

37 Katalog des Scala Museums Die Geschichte des berühmten Opernhauses › S. 97 präsentiert der Katalog des Teatro alla Scala, den es auch auf Deutsch im Museum zu kaufen gibt (15 €).

38 Caruso oder Callas Enrico Caruso und Maria Callas animierten das Publikum der Mailänder Scala zu stehenden Ovationen. CDs mit ihren Arien bietet La Feltrinelli – Ricordi Media Stores › S. 42 an der Piazza Duomo in beachtlicher Auswahl.

39 Ein Paar Ballerinas Porselli D5, hinter der Scala, versorgt nicht nur Ballerinen mit Bühnenschuhen, sondern bietet auch eine große Auswahl an straßentauglichen Ballerinas, die zu fast jedem Outfit passen. (Piazza Ferrari 6, Quadrilatero d'oro, www.porselli.it).

40 Trüffel La Fungheria › S. 42 bietet Pilzspezialitäten aller Art. Von September bis Januar bekommt man hier auch die begehrten weißen Trüffel aus Alba. Leider sind die frischen nur wenige Tage haltbar, es gibt sie aber auch im Glas.

… BLEIBEN LASSEN SOLLTEN

41 Cappuccino nach dem Essen In Italien ist Cappuccino ein Frühstücksgetränk. Für alle anderen Tageszeiten ist nur der *caffè* (Espresso) der richtige Muntermacher.

42 Getrennt bezahlen Wenn man gemeinsam essen geht, zahlt einer. Ein Grüppchen, das sich die Rechnung auseinanderdividieren lässt, sorgt für Unmut beim Kellner › S. 34.

43 Shoppingwahn im Outlet Nur weil der Preis reduziert ist, muss man sich einen Designerfummel nicht schön reden. Zuweilen ist die Passform einfach missglückt und das gute Stück nicht grundlos dort.

44 Grußlos aus der Boutique gehen In aller Regel werden Sie in Geschäften freundlich begrüßt und bedient. Auch wer »nur mal schauen« will, sollte sich beim Verlassen des Ladens mit einem »Grazie, arrivederci« verabschieden.

45 Sitzenbleiben Wenn das Essen beendet ist, verlässt man üblicherweise das Restaurant – und klönt eventuell in einer Bar weiter.

46 Um Kleinigkeiten feilschen Verkäufer reagieren genervt, wenn Touristen versuchen, auf Märkten Preise zu drücken. Wer einen Großeinkauf macht, kann – außer bei Lebensmitteln – selbstverständlich nach einem Rabatt fragen.

47 Zur Messezeit kommen Wer kann, sollte die Zeiten der großen Messen meiden – Hotelpreise erreichen dann ein schwindelerregendes Niveau › S. 64.

48 Mückenspray vergessen An den Kanälen haben Sie viel mehr Spaß, wenn Sie sich die lästigen Insekten vom Leibe halten.

49 Mittagessen in der Bar Bars verstehen sich auf Sandwiches und Getränke, warme Speisen sind hier meist keine gute Wahl.

50 »Designerschnäppchen« am Straßenstand kaufen Kleidung, Taschen und Accessoires von Armani, Gucci, Prada & Co. »preisgünstig« beim Straßenhändler zu kaufen kann teuer werden. Denn auch der Erwerb gefälschter Markenartikel ist in Italien verboten, die Geldstrafe kann empfindlich hoch ausfallen.

Kreuzgang und Innenhof der
Kirche Santa Maria delle Grazie

REISEPLANUNG & ADRESSEN

DIE STADTVIERTEL IM ÜBERBLICK

La città piu città d'Italia. **Die städtischste aller Städte Italiens. So beschrieb der Schriftsteller Giovanni Verga vor gut 100 Jahren Mailand, und diesem Urteil kann man sich auch heute nur anschließen.**

Die Hauptstadt der Lombardei ist das Zentrum der italienischen Wirtschaft und der Banken. Dass die *milanesi* aber nicht nur etwas vom Geldverdienen verstehen, sondern auch zu leben wissen, sieht man an der Vielzahl der vornehmen Geschäfte und ausgezeichneten Restaurants der Stadt, die zum Geldausgeben einladen. Und so erscheint es ganz logisch, dass hier das Herz der *alta moda* schlägt. Neben dieser modernen Seite erweist sich die Stadt auch als Schatzkammer für den historisch interessierten Besucher. Denn aus allen Epochen ihrer mehr als 2000-jährigen Geschichte haben sich Zeugnisse von Kunst und Kultur erhalten.

Konzentriert ist all das in den Vierteln rund um den Stadtkern, dessen Mittelpunkt die **Altstadt**, das **Centro storico**, bildet. Um sie herum gruppiert sich die Stadt in konzentrischen Kreisen. Zum Zentrum zählt der Bereich innerhalb der Tangente SS 11. Herz der Stadt ist die Piazza del Duomo mit der Kathedrale und der Galleria Vittorio Emanuele II, der schönsten Einkaufspassage der Stadt. Daneben ballen sich Verwaltungsgebäude und die Büros großer Firmen. Unter der Woche wird das Bild von den elegant gekleideten Brokern und Geschäftsleuten dominiert, die an Boutiquen und Restaurants vorbei zu ihren Arbeitsplätzen eilen.

Teil der Altstadt ist das **Goldene Viereck, Quadrilatero d'oro**. Wer wissen will, was die Trends der aktuellen *alta moda italiana* sind, für den ist ein Streifzug durch das Quadrilatero d'oro ein Muss. Auf dem kleinen Areal, das von Via Manzoni, Via della Spiga, Via Monte Napoleone und Corso Venezia gebildet wird, sind alle vertreten, die in der Welt der Mode Rang und Namen haben. Die Modeschöpfer wetteifern um den Rang, den stylishsten Laden zu haben, die außergewöhnlichste Präsentation zu bieten. Im Quadrilatero d'oro befinden sich auch einige der schönsten Cafés und schicksten Restaurants der Stadt, die zum Teil sogar von den Modezaren selbst betrieben werden. Wegen der schönen Palazzi lohnt sich ein Bummel durch das Viertel auch für Besucher, die sich für Mode nicht so sehr interessieren.

Direkt hinter der Scala beginnt das **Brera-Viertel**, in dem man noch den Hauch der Bohème schnuppern kann. Die Pinacoteca di Brera ist die bedeutendste Bildersammlung der Stadt, und im gleichen Haus befindet sich auch die Kunstakademie. Und was dort produziert wird, ist kurz darauf in den vielen Galerien für zeitgenössische Kunst zu sehen. Hier, wo Künstler und Kunsthandwerker arbeiten, findet man auch charmante kleine Cafes und preiswerte Restaurants. Einen Kontrast zu dem historischen Quartier bildet

Die Pinacoteca di Brera besitzt eine Sammlung vor allem italienischer Kunst von Weltrang

das am Nordrand von Brera neu entstandene Viertel Porta Nuova mit seiner modernen, imposanten Hochaus-Architektur.

In dem vornehmen Wohnviertel zwischen **Corso Magenta** und **Sant'Ambrogio** lernt man den diskreten Charme der Mailänder *borghesia* kennen. Denn hinter den oft schlichten Fassaden verbergen sich wahre Paläste mit schattigen Innenhöfen und schönen Gärten. In den Nebenstraßen herrscht fast schon eine beschauliche Ruhe. Das bedeutet aber keineswegs, dass es im ganzen Viertel so betulich zugeht. Dafür sorgt die Katholische Universität bei der Kirche des Stadtpatrons Ambrosius. In ihrer Umgebung gibt es unzählige Bars und Kneipen, wo Studenten günstig ihren Hunger stillen können. Für Kunstbegeisterte ist das »Abendmahl« Leonardo da Vincis in der Kirche Santa Maria delle Grazie ein absoluter Höhepunkt – die Tickets dafür muss man allerdings Wochen vorher bestellen.

Die **Navigli**, die Kanäle, waren einst die Lebensadern von Mailand. Auf ihnen wurde alles transportiert, was zur Versorgung der Metropole benötigt wurde. Von diesem Wegenetz haben sich nur der Naviglio Grande und der Naviglio Pavese erhalten. Nach Jahrzehnten des Verfalls boomt die Gegend mittlerweile. Eine Vielzahl von Lokalitäten und Läden hat sich hier angesiedelt, und die ehemaligen Kleinbürgerhäuser sind zu begehrten Immobilien geworden. Wer sich amüsieren will, der ist in diesem Viertel, in dem abends das pralle Leben herrscht, am richtigen Ort.

KLIMA & REISEZEIT

Die Nähe zu den Alpen und das wasserreiche Umland sind die bestimmenden Faktoren für das Mailänder Klima.

Die Winter sind meist kalt, ein eisiger Wind weht durch die Stadt. Selten fällt Schnee, dafür trifft man ab November häufig auf Nebel. Mit dem Frühjahr steigen die Temperaturen merklich, doch fallen häufig bis Ende Mai noch Niederschläge. In den schwülen und heißen Monaten Juli und August schaffen vereinzelte Gewitter hin und wieder etwas Abkühlung. Im September und Oktober erlebt die Stadt nochmals schöne Tage, bis dann ab November der Nebel wieder einsetzt.

Hinsichtlich des Wetters sind die Monate April bis Juni und die Zeit ab Mitte September bis Ende Oktober ideal für einen Mailandaufenthalt. Zu Messezeiten › S. 64 sind allerdings die Hotels oft ausgebucht. Mit Beginn der Schulferien von Mitte Juni bis Mitte September leert sich die Stadt. Die Scala und andere Theater beenden die Saison. Den August nutzen viele Gastronomen und kleine Läden für Betriebsferien. Das Leben kehrt erst im September wieder in die Stadt zurück. Höhepunkt des Jahres für die Mailänder ist das Fest ihres Stadtpatrons St. Ambrosius am 7. Dezember. Musikfreunde freuen sich am selben Tag über die traditionelle Eröffnung der Opernsaison in der Scala. Im Winter erlebt man die Stadt ganz ohne Touristen.

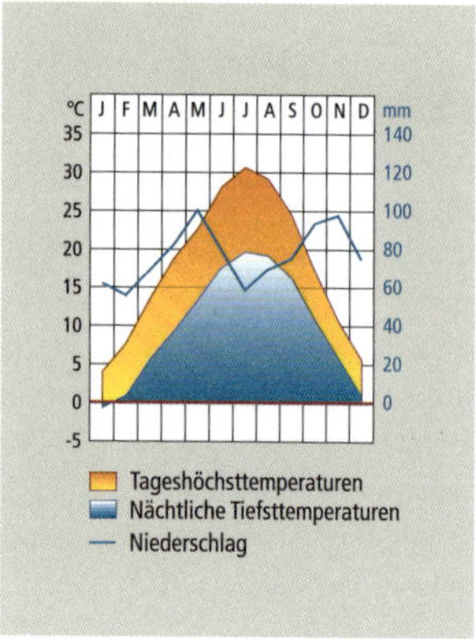

ANREISE

MIT DEM AUTO

Schnellste Anfahrtswege nach Mailand sind von Basel aus die Gotthard-Autobahn (A 2), von München die Brennerautobahn (A 22) bzw. die Strecke über Lindau (A 96), Chur und den San Bernardino (A 13), von Wien die Südautobahn (A 2) über Villach. Um Mailand herum verläuft ein großer Autobahnring *(tangenziali)*, der mehr als 20 Abfahrten hat und so in jeden Teil der Stadt führt. Die Autobahngebühr in Italien muss man (im Gegensatz zur Vignettenpflicht in Österreich und der Schweiz) streckenabhängig an Mautstationen entrichten. Schneller geht es dort mit einer Viacard (Guthabenkarte mit extra Durchfahrt), die vorab z.B. bei Automobilklubs gekauft werden kann.

Außerhalb von Ortschaften gilt in Italien grundsätzlich Lichtpflicht, für Motorradfahrer auch innerorts. Das Mitführen einer griffbereiten Signalweste (Prüfzeichen EN 471) pro Person ist vorgeschrieben. Sie muss bei Verlassen des Kraftfahrzeugs außerorts getragen werden.

Wer nur für einen Tag in Mailand ist, sollte das Auto auf einem der 160 000 Parkplätze bei den Metrostationen am Stadtrand abstellen und mit der Metro in die Stadt fahren › **unten**.

Im Zentrum kann man sein Auto in den blau gekennzeichneten Parkzonen abstellen. Die Adressen und die Tarife der Parkplätze sind bei www.atm.it/it/ViaggiaConNoi/Auto unter dem Link »Parcheggi e sosta« gelistet. Einen Parkschein *(gratta e sosta)* erhält man bei den Parkwächtern oder in Tabakläden *(tabacchi)*. Daneben gibt es teure, meist überfüllte Parkhäuser.

MIT DEM FLUGZEUG

Die Flughäfen Milano-Linate und Milano-Malpensa werden mehrmals täglich von zahlreichen europäischen Städten aus angeflogen (www.sea-aeroportimilano.it). Billigflieger steuern oft den bei Bergamo gelegenen Flughafen Orio al Serio an (www.sacbo.it).

Von **Linate** aus gelangt man alle 10 Min. mit dem Stadtbus 73 in 30 Min. zur Piazza San Babila im Zentrum oder mit dem Air Bus alle 30 Min. in 25 Min. zum Hauptbahnhof (Stazione Centrale; einfache Fahrt 5 €, Hin- und

AREA C

Zur Reduzierung der hohen Feinstaubbelastungen und des Verkehraufkommens gilt in Mailand eine strenge Zufahrtsregelung zur Area C. Diese Zone wird durch den **cerchia dei bastioni**, die Ringstraße, begrenzt. Für alle Kfz – außer Motorräder und Elektrofahrzeuge –, die Mo–Mi u. Fr 7.30–19.30, Do bis 18 Uhr in die Innenstadtzone fahren, muss eine Citymaut von 5 €/Tag bezahlt werden. Verboten ist die Einfahrt für Benzinfahrzeuge mit der EU-Norm-Schadstoffplakette Kl. 0 und für Diesel Kl. 0, 1, 2, 3 und 4 ohne Partikelfilter. Die Citymaut für Area C kann online beglichen werden (www.areac.it), außerdem erhält man die Einfahrtsberechtigung in Tabak- und Zeitschriftenläden sowie an eigens installierten Automaten. Die bessere Alternative für ortsfremde Autoreisende ist – auch angesichts der hohen Parkkosten in der Innenstadt – ein Parkplatz an einer Bahn- oder Metrostation außerhalb der Area C und die Nutzung des öffentlichen Nahverkehrs. Bis 5 Std. kosten die meisten *parcheggi di corrispondenza* 1,50 €, für 24 Std. 7,50 € (www.atm.it).

Rückfahrt 9 €, www.atm.it). Mit dem Taxi kommt man am schnellsten in die Stadt. Man sollte jedoch nur die autorisierten weißen Taxis benutzen, die durch einen Aufkleber *taxi autorizzato per il servizio aeroportuale lombardo* gekennzeichnet sind. Die Fahrt mit diesen Taxis kostet etwa 35 €; fragen Sie aber vor dem Einsteigen den genauen Preis nach.

Der Flughafen **Malpensa** liegt etwa 50 km nordwestlich von Mailand. Von dort fahren die Busse der Starfly-Linie alle 20 Min. zum Hauptbahnhof im Stadtzentrum (*Stazione Centrale;* Fahrdauer etwa 1 Std., 10 €, Kinder von 2 bis 12 Jahren die Hälfte; www.malpensashuttle.it). In rund 40 Min. bringt der Malpensa-Express Reisende vom Bahnhof Milano Nord / Cadorna (gleich westlich vom Parco Sempione) zum Flughafen. Vorher gelöste Fahrscheine kosten einfach 13 € (Ticket vor Fahrtantritt abstempeln; www.malpensaexpress.it). Taxis kosten ca. 100 €.

Der östlich von Mailand an der Autobahnausfahrt Bergamo gelegene Flughafen **Orio al Serio** ist durch eine alle 20 Min. verkehrende Buslinie mit

Der monumentale Mailänder Hauptbahnhof Stazione Centrale

dem Mailänder Hauptbahnhof verbunden. Die Fahrt dauert ca. 1 Std., der Fahrpreis beträgt einfach 5 € (Tel. 02 30 08 90 00, www.airportexpress.it).

MIT DEM ZUG

Ein Schnellzugstreckennetz verbindet alle größeren Städte in Deutschland, Österreich und der Schweiz mit dem Mailänder Hauptbahnhof *(stazione centrale)* – Knotenpunkt für ganz Oberitalien. Auskunft: www.trenitalia.com oder Tel. 89 20 21 (Callcenter). Es besteht Anschluss an die Metro.

STADTVERKEHR

ÖFFENTLICHE VERKEHRSMITTEL

Das Netz der öffentlichen Verkehrsmittel ist sehr gut ausgebaut und preiswert. Einen Plan erhält man kostenlos bei der **Azienda Trasporti Municipali** an den ATM-Infopoints › S. 150 sowie in den IAT-Büros › S. 151. Metro, Bus und Straßenbahnen fahren von etwa 4 bzw. 6 Uhr morgens bis 0.30 Uhr nachts durchgehend, als neue Nachtbuslinien verbinden N25 (große Runde über Corso Indipendenza und Piazza Ventiquattro Maggio) und N26 (kleine Runde über Piazza Gramsci) die Bahnhöfe Centrale und Cadorna). Informationen: www.atm.it und gebührenfrei unter Tel. 02 48 60 76 07 (tgl. 7.30–19.30 Uhr). Hier erhält man auch Infos, wenn man mit dem Rollstuhl oder Kinderwagen unterwegs ist.

Fahrkarten *(biglietti)* für die Metropolitana (U-Bahn), den Auto- oder Filobus sowie für die Straßenbahn erhält man zu einem Einheitspreis in *tabacchi*-Läden, kleinen Bars sowie an den Zeitungsständen der Metropolitana. Die Fahrscheine müssen durch Abstempeln entwertet werden. Mit einem Einzelfahrschein (1,50 €) kann man 90 Min. lang das Verkehrsnetz nutzen, Bus- und Straßenbahnlinien kann man dabei beliebig wechseln, allerdings ist nur ein einziger Metro-Einstieg pro Ticket erlaubt. Es gibt Ein- und Zweitageskarten: 24 Std. kosten 4,50 €, 48 Std. 8,25 € (Kinder unter 6 Jahre kostenlos), jeder Erwachsene kann bis zu zwei Kinder bis 10 Jahre gratis mitnehmen (Altersnachweis erforderlich). Auch für Gepäckstücke muss ein Ticket gelöst werden (1,50 €).

TAXI

Die Mailänder Taxis sind nicht leicht zu bekommen, bestellen kann man sie bei Taxiblu (Tel. 02 40 40, www.taxiblu.it), Yellow Radio Taxi (Tel. 02 69 69, www.026969.it) oder Autoradio Taxi (Tel. 02 85 85, www.028585.it). Pro Kilometer kostet die Taxifahrt 1,09 €, zusätzlich werden von 6 bis 22 Uhr werktags 3,30 €, sonntags 5,40 € und ab 22 Uhr 6,50 € Pauschale berechnet. Achten Sie darauf, dass es sich um ein reguläres Taxi mit Taxameter handelt.

»HIER SCHLÄGT DAS HERZ DER STADT«

Gabriele Calcaterra, der Chef-Barista, an seinem Arbeitspatz im Camparino

GABRIELE CALCATERRA, CHEF-BARISTA IM CAMPARINO

Wieselflink bedient der Mann hinter dem langen Tresen die Hebel der Kaffeemaschine, befüllt dickwandige Gläser mit Eis, gießt Saft auf und den berühmten hellroten Likör, dekoriert Drinks mit Orangen-, andere mit Zitronenspalten oder einer Spirallocke aus Zitronenschale. Jeder Handgriff ist geschmeidig, jede Bewegung zeugt von eleganter Souveränität. Gabriele Calcaterra ist »Barista«, ein Barmann vom Scheitel bis zur Sohle – einer, der cool bleibt, wenn Hochbetrieb herrscht, der auch in hektischen Situationen den Überblick behält, einer, der jedem Gast das Gefühl gibt, irgendwie wichtig zu sein. »Vielleicht wurden mir diese Eigenschaften in die Wiege gelegt«, sagt der 40-jährige und lacht. »Auch mein Vater war Barista und hat seinen Beruf mit Leidenschaft ausgeübt.«

Calcaterras Arbeitsplatz ist das Camparino › S. 37, 94, Mailands berühmteste Bar. Das Traditionslokal in der eleganten Einkaufspassage Galleria Vittorio Emanuele II öffnete vor mehr als 100 Jahren erstmals seine Türen und wurde schnell so etwas wie »il salone«, das Wohnzimmer der Mailänder – ein Ort, an dem man sich mit Freunden trifft, über Gott und die Welt plaudert, über Politik diskutiert und Familienfeste feiert. »Diese Bar ist ein Wahrzeichen der Stadt, eine Mailänder Ikone«, schwärmt Calcaterra. »Es war immer mein Traum, hier zu arbeiten.« Seinen Einstand im Stammhaus des

Campari hatte der heute 40-jährige 2001. »Zunächst war ich Kellner, habe an Tischen bedient, dann aber immer öfter den Job hinterm Tresen übernommen«, erzählt Calcaterra. »Dort entwickelt sich ein besonderer Kontakt zu den Gästen.« Spaß habe er vor allem mit denjenigen Kunden, die sich beraten lassen. »Mir gefällt es, den Geschmack eines Gastes zu erraten, ihm einen Cocktail zu empfehlen und wenn jemand dann von einem Drink begeistert ist, den er sich ohne meine Empfehlung nie bestellt hätte, ist das eine tolle Bestätigung.«

Im Camparino hat Calcaterra Karriere gemacht. Heute ist er für die Einstellung und für die Koordination des Personals zuständig. Gut funktionierende Kellnerteams für die verschiedenen Schichten des langen Arbeitstages zusammenzustellen, das verlange gute Menschenkenntnis. Ein harmonisches Miteinander der Angestellten sei für die Wohlfühlatmosphäre einer Bar ebenso wichtig wie die Qualität der Getränke, das Mobiliar, die Beleuchtung und das Publikum. Nun sind es schon fast 20 Jahre, in denen Calcaterra an fast jedem Tag der Woche an denselben Arbeitsplatz geht. Ist so viel Konstanz nicht langweilig? Absolut nicht, entgegnet Calcaterra. »Mailand ist großartig und ich finde es noch immer faszinierend, auf dem Weg zur Arbeit die Piazza Duomo Richtung Galleria zu überqueren. Hier schlägt das Herz der Stadt und ich bin ein Teil davon.«

In den letzten zwei Jahrzehnten hat sich Mailand ziemlich verändert, das Leben ist schneller, die Stadt touristischer geworden. Calcaterra stört das nicht. Im Gegenteil. »Im Camparino begegnen sich die beiden Seelen der Stadt. Hier treffen Touristen aus aller Welt auf alteingesessene Mailänder, deren Eltern, Großeltern oder sogar Urgroßeltern schon in diese Bar gekommen sind, und die hier eine altvertraute Umgebung und den Geschmack von früher wiederfinden wollen.« Der Chef-Barista lächelt sein gewinnendes Lächeln und ergänzt: »Und ich bin stolz darauf, dass wir das hinkriegen, dass sich all die Menschen wohlfühlen an unserer langen Bar.«

TIPP VON GABRIELE CALCATERRA

Der weltbekannte Bitterlikör, hergestellt nach Geheimrezept aus Chenin, Orangenschalen, Zitrusöl, Kräutern und diversen weiteren Ingredienzen, wird in unzähligen Bars rund um den Globus zu Cocktails gemixt. Gabriele Calcaterra schenkt Einsteigern gern den Klassiker Campari Orange ein – weil der schön bitter und doch fruchtig schmeckt. Aber das ist nur ein Grund, der andere: Weil sich mit dem Drink, den man im Camparino auch »Garibaldi« nennt, ein Stück italienische Geschichte erzählen lässt. Der Farbe des Likörs erinnere an die roten Jacken, die Garibaldi und seine Mitstreiter trugen, der Orangensaft an Garibaldis Landung auf Sizilien, der Orangeninsel, von wo aus er seinen Kampf für die Einheit Italiens und gegen die Fremdherrscher der Apennin-Halbinsel begann.

UNTERKUNFT

Ob großherrschaftlich oder klösterlich, ob postmodern oder asketisch, Mailand bietet für jeden etwas.

Bequem ist man meist schon in 2-Sterne-Hotels untergebracht, deren Zimmer sind aber oft recht eng. Bei 3-Sterne-Hotels gibt es große qualitative Unterschiede, die sich aber nicht im Preis niederschlagen. Hier sollte man das Preis-Leistungsverhältnis überprüfen. Die 4- und 5-Sterne-Häuser bieten viel Komfort zu hohen Preisen. In der höchsten Kategorie beginnen die Preise für die »einfachen« Zimmer bei ca. 300–400 €. Während der großen Messen muss man in allen Preiskategorien mit hohen Aufschlägen rechnen.

Bei InfoMilano › S. 151 erhält man Unterkunftsinfos, dessen Online-Zimmersuche findet man unter www.turismo.milano.it. Zimmerbuchungen sind vorab z. B. über InItalia unter www.initalia.it möglich.

LUXUSHOTELS

Grand Hotel et de Milan €€€ D5

Seit 1863 zieht das klassische Grandhotel besonders die Größen aus der Welt der Musik an, Verdi, Caruso und die Callas waren schon hier.

- Via Manzoni 29 | Quadrilatero d'oro
  Tel. 02 72 31 41
  www.grandhoteletdemilan.it

Hotel Pierre Milano €€€ C6

Luxushotel in Sant'Ambrogio mit futuristischen Extras. Die Zimmer sind mit antiken Möbeln und modernster Technik ausgestattet.

- Via De Amicis 32 | Centro storico
  Tel. 02 72 00 05 81
  www.hotelpierremilano.it

Hotel Principe di Savoia €€€ A3

Nobelhotel voller Grandezza aus den 1920er-Jahren mit edlen Stilmöbeln und Damasttapeten ausgestattete Zimmer.

- Piazza della Repubblica 17
  Quadrilatero d'oro | Tel. 02 623 01
  http://principe-di-savoia.hotel-rn.com

Hotel Carrobbio €€–€€€ C6

Kleines Hotel mit 56 Zimmern in einer ruhigen Straße in der Altstadt mit viel Atmosphäre und tollem Frühstücksbüfett.

- Via Medici 3 | Centro storico
  Tel. 02 89 01 07 40
  www.hotelcarrobbiomilano.com

Una Maison Milano €€–€€€ D5

Nur eine Straßenecke vom Dom entfernt, elegantes Ambiente, komfortable Zimmer und gut ausgestattete Bäder. Dank der Schallschutzfenster schläft man ruhig.

- Via Giuseppe Mazzini 4 | Centro storico
  Tel. 02 72 68 91 | www.unahotels.it

ALLA MILANESE

Hotel Manzoni €€€ D5–E5

Liebevoll eingerichtetes Haus unweit der Via Monte Napoleone mit sehr netter Atmosphäre. Sehr gutes Preis-Leistungs-Verhältnis.

- Via Santo Spirito 20
  Quadrilatero d'oro
  Tel. 02 76 00 57 00
  www.hotelmanzoni.com

Antica Locanda dei Mercanti €€–€€€ D5
Im Herzen der Stadt, nahe Dom und Scala, liegt der Palazzo, der hinter historischen Mauern luftig-leicht gestylte Gästezimmer und Suiten birgt: viel Weiß, viel Holz, puristischer Charme.
• Via San Tomaso 6 | Centro storico
Tel. 02 805 40 80 | www.locanda.it

Room Mate Giulia €€–€€€ D5
Behagliches Hotel im Vintage-Design in bester Lage – und extralanger Frühstückszeit.
• Via S. Pellico 4 | Centro storico
Tel. 02 80 88 89 00
www.room-matehotels.com

Antica Locanda Solferino €€ D4
Charmante Bleibe mit nur 11 Zimmern mitten im Brera-Viertel. Hier isst man auch hervorragend > **S. 36.**
• Via Castelfidardo 2 | Brera
Tel. 02 657 01 29
www.anticalocandasolferino.it

Hotel Ariston €€ C6
Bio-Hotel in Sant'Ambrogio. Alle verwendeten Materialien sind naturbelassen und umweltfreundlich, die Hygieneartikel biologisch abbaubar. Das Frühstücksbüfett bietet Bio-Köstlichkeiten.
• Largo Carrobbio 2 | Centro storico
Tel. 02 72 00 05 56
www.aristonhotel.co

Hotel Bristol €€ F3
Beim Bahnhof gelegenes Hotel mit 68 Zimmern, in einigen davon laden Bäder mit Jacuzzi zum Entspannen ein.
• Via Scarlatti 32 | Brera
Tel. 02 669 41 41
http://bristol-milan.hotel-rn.com

SCHICKE DESIGNHOTELS

- **3 Rooms** €€€ D3
Mailänder Lifestyle-Tempel mit drei großzügigen Suiten.
Corso Como 10 | Brera
www.3rooms-10corsocomo.com
- **Armani Hotel** €€€ D5
1930er-Architektur mit 5-Sterne-Luxus, inklusive atemberaubenden Spa. > **mehr S. 12 Punkt 2**
Via Manzoni 31 | Quadrilatero d'oro
www.armanihotelmilano.com
- **Bulgari** €€€ D5
Stilvoll von Antonio Citterio gestaltete Zimmer.
Via Privata Fratelli Gabba 7/b
Quadrilatero d'oro
www.bulgarihotels.com
- **Carlyle Brera Hotel** €€–€€€ D4 Von Künstlern gestaltet.
Corso Giuseppe Garibaldi 84
Brera | www.hotelcarlyle.com
- **Enterprise Hotel** €€ A1–A2
Von Modeprofis frequentiert.
Corso Sempione 91 | Centro
www.enterprisehotel.com
- **Hotel Spadari al Duomo** €€€ D5
Von Urbano Pierini postmodern umgebaut, Mobiliar und Zimmerdekoration von Ugo La Pietra.
Via Spadari 11 | Centro storico
www.spadarihotel.com
- **The Gray** €€€ D5
Luxus-Designhotel im Stil »edles Understatement«, mitten im Herzen der Stadt.
Via S. Raffaele 6 | Centro storico
www.sinahotels.com

Hotel Gran Duca di York €€ D5
Im früheren Gästehaus der Biblioteca Ambrosiana in der Altstadt residierten die angehenden Kardinäle. Die Zimmer sind klein, aber nett eingerichtet.
- Via Moneta 1/a | Centro storico
Tel. 02 87 48 63 | www.ducadiyork.com

Hotel Palazzo delle Stelline €€ C5
130-Betten-Hotel in einem Waisenhaus des 16. Jhs. Schon beim Blick in den idyllischen Innenhof fühlt man sich in vergangene Zeiten versetzt.
- Corso Magenta 61 | Magenta
Tel. 02 481 84 31
www.hotelpalazzostelline.it

Manin €–€€ E4
Modernes Haus mit Blick auf die Giardini Pubblici am Rand des Goldenen Vierecks. Zimmer mit Terrasse zum Garten.
- Via Manin 7 | Centro storico
Tel. 02 659 65 11 | www.hotelmanin.it

Nuovo Hotel €–€€ D5
Direkt beim Dom in der Altstadt, dennoch ruhige Lage. Vernünftige Preise.
- Piazza Beccaria 6 | Centro storico
Tel. 02 86 46 44 44
www.hotelnuovomilan.com

Hotel del Sole € F3
Einfache, aber geräumige und saubere Zimmer unweit des Hauptbahnhofs.
- Via Spontini 6 | Zona Buenos Aires
Tel. 02 29 51 29 71 | www.delsolehotel.com

SOLIDE UND PREISWERT

Alga €
3-Sterne-Hotel mit guter Verkehrsanbindung im Süden Mailands.
- Via del Mare 93 | Tel. 02 846 40 41
www.hotelalgamilano.it

Antica Locanda Leonardo € B5–C5
Gleich neben Leonardos »Abendmahl« nächtigt man in Zimmern, die sich um einen Innenhof gruppieren.
- Corso Magenta 78 | Centro storico
Tel. 02 48 01 41 97
www.anticalocandaleonardo.com

Hotel Casa Mia €–€€ E4
Kleines, gepflegtes Hotel bei den Giardini Pubblici, das ein gutes Preis-Leistungs-Verhältnis bietet.
- Viale Vittorio Veneto 30 | Porta Nuova
Tel. 02 657 52 49 | http://hotel-casa-mia-milan.hotels-milan.info

Barcelo Milano €
Hochhaus (tolles Panorama) in Nähe des Kongresszentrums. Die Zimmer mit ergonomisch avantgardistischem Design und cooler Funktionalität sind mit Preisen von 55 € bis 75 € für Mailand ein Schnäppchen. Großer Wellness- und Fitnessbereich.
- Via Giorgio Stephenson 55
Zona Stephenson
Tel. 02 33 28 61 11 | www.barcelo.com

Hotel Due Giardini €
Einfaches, aber gepflegte Frühstückshotel mit Garten nahe der Stazione Centrale.
- Via Benedetto Marcello 47
Centro storico | Tel. 02 29 52 10 93
www.hotelduegiardini.it

Hotel Vecchia Milano € F3
Einfaches, aber gutes und zentrumsnahes 3-Sterne-Hotel mit 27 Zimmern, einige mit Balkon. Wer frühzeitig reserviert, kann ein Zimmer zum ruhigen Hinterhof verlangen. Mit Lesesaal und Aufenthaltsraum.
- Via Borromei 4 | Centro storico
Tel. 02 87 50 42
www.hotelvecchiamilan.com

ESSEN & TRINKEN

Dass Mailand ein Verkehrsknotenpunkt der verschiedenen Handelswege war, merkt man vor allem der Küche an.

Nicht nur eine Vorliebe für Eintöpfe mit den kuriosesten Zutaten deutet auf eine Völkervielfalt hin, die ihre Spuren im Kochtopf hinterlassen hat. Die Mailänder schauten auch selbst gern mal in die Rezepte der Nachbarn. Von den Österreichern übernahmen sie ihre Vorliebe für Paniertes. Ob die *costoletta alla milanese* – ein in Ei gewendetes, paniertes und in Butter gebratenes Kalbsschnitzel – Vorbild für das Wiener Schnitzel war oder umgekehrt, ist bis heute eine heiße Streitfrage. Die Küche der Lombardei ist deftig und üppig. Wie die Speisekarten beweisen, gibt man den *risotti* (Reisgerichte) gegenüber der *pasta* eindeutig den Vorzug, und anstelle des sonst in Italien allgegenwärtigen Olivenöls verwendet man lieber Butter.

Den Tag beginnt man in Mailand gern in der Bar um die Ecke mit einem *caffè (espresso)* oder *cappuccino* und einer *brioche,* einem frischen Hörnchen. Wer unter Zeitmangel leidet, der gönnt sich in der kurzen Mittagspause nur ein belegtes Brötchen *(panino)* aus einer *paninoteca,* eine stilechte und häufig bessere Alternative zu der im Zentrum wild um sich greifenden Fast-Food-Welle. Ansonsten speist man mittags in einer *trattoria* oder in einem *ristorante,* die im Mailänder Zentrum zwischen 13 und 14 Uhr bisweilen hoffnungslos überfüllt sein können.

Üblicherweise besteht ein Essen aus mehreren Gängen. Als Vorspeise *(primo)* sollten Sie z. B. *minestrone alla milanese* bestellen, Gemüsesuppe mit unterschiedlichen Zutaten oder *zuppa pavese,* Fleischbrühe mit geröstetem Brot, Ei und Käse, gut schmeckt auch *risotto alla milanese,* in Butter und Zwiebeln angedünsteten Reis, der mit Weißwein abgelöscht und mit Safran und geriebenem Parmesan gewürzt wird, oder *risotto ai funghi,* Reis mit Pilzen. Als Hauptgang *(secondo)* empfiehlt sich *ossobuco,* eine Kalbshaxe mit *risotto* oder *polenta* (Maisbrei), eine *cassoeula* mit Schweinefleisch, Wurst, Wirsing und Speckschwarte, *stufato,* ein mit Kräutern gewürzter Rinderschmorbraten, oder *busecca,* ein deftiger Eintopf mit Kutteln, Ochsenschwanz, Kichererbsen, Bohnen, Sellerie und Suppengrün. Als Nachspeise kann man zwischen *frutta* (Obst), *formaggio* (Käse) oder *dolce* (Süßspeisen) wählen und das Mahl am Ende mit einem Espresso abrunden. Wer nicht so groß tafeln will, der kann aber auch selbst in guten Restaurants nur einen Gang zu bestellen. Beim Hauptgericht sollte man beachten, dass die Beilagen *(contorni)* separat geordert werden müssen.

Am frühen Abend füllen sich die Bars, wenn sich die Mailänder zum *aperitivo* oder auf eine *zucca,* einen schwarzbraunen Rhabarberlikör, treffen, zu dem man Salzgebäck und Oliven nascht.

Meist erscheint auf der Restaurantrechnung ein Betrag für das Gedeck *(coperto)*, in dem auch das Trinkgeld enthalten ist. Für guten Service ist es üblich, etwas Wechselgeld liegenzulassen, während man in Bars meist darauf verzichtet. Dort bezahlt man zunächst an der Kasse und gibt den Bon an der Theke ab. Italiener bleiben in der Bar oft stehen, denn am Tisch kostet es einen Aufschlag. Vorsicht ist v.a. bei Cafés im Zentrum geboten: Nimmt man dort für einen Kaffee an einem der Tische Platz, muss man auf einen kostspieligen Zuschlag gefasst sein. > **mehr S. 19 Punkt 42**

RESTAURANTS CENTRO STORICO

Ristorante Cracco €€€ D5

Carlo Cracco ist einer der besten Köche Italiens. Sein mit einem Stern dekoriertes Restaurant residiert jetzt in der Galleria.

- Galleria Vittorio Emanuele II
  Tel. 02 87 67 74 | www.ristorantecracco.it
  Mo–Fr 12.30–14 u. 19.15–22, Sa 19.30–22 Uhr

Just Cavalli Milano €€€ C4

Ob zum Essen oder nur für einen Cocktail: Das von Roberto Cavalli durchdesignte Restaurant und Café samt angesagtem Klub > **S. 46** im Parco Sempione, am Fuß der Torre Branca ist ein Highlight. > **mehr S. 16 Punkt 21**

- Via Luigi Camoens | Tel. 02 31 18 17
  www.justcavallimilano.com
  tgl. 19–23 Uhr

Al Bacco €€ F5

Sympathische, authentische Osteria nahe der Piazza Cinque Giornate, hervorragende Fisch- und Fleischgerichte und *dolci*.

- Via Marcona 1 | Tel. 02 54 12 16 37
  Mo–Sa 19.30–23, Mo–Fr auch 12.30–14.30 Uhr

Peck Italian Bar €€ D5

Pecks berühmten Tortellini kann man in dem Restaurant im American Bar Style mit einem Glas Spitzenwein genießen.

Die Bottigleria da Pino tischt typische Mailänder Gerichte auf

- Via Cesare Cantù 3
  Tel. 02 869 30 17 | www.peck.it
  Mo–Fr 8–22, Sa 10–22 Uhr, So geschl.

Di Gennaro €–€€ D5
Wer nach der Scala noch Lust auf Nudeln oder Holzofenpizza verspürt, der ist hier am richtigen Ort.

- Via Santa Radegonda 14
  Tel. 02 805 61 08
  www.pizzeriadigennaro.com
  tgl. 12–24 Uhr

Bottiglieria da Pino € E5
Sympathische Trattoria in Domnähe, mittags vor allem von Stammgästen bevölkert, wechselnde Speisekarte, köstliche Mailänder Spezialitäten.
> **mehr S. 14 Punkt 11**

- Via Cerva 14 | Tel. 02 76 00 05 32
  nur mittags, So geschl.

Panzerotti Luini € D5
Hier gibt es Teigtaschen *(panzerotti)* mit verschiedensten Füllungen.

- Via Santa Radegonda 16
  Tel. 02 86 46 19 17 | www.luini.it
  Mo 10–15, Di–Sa 10–20 Uhr, im Aug. geschl.

RESTAURANTS QUADRILATERO D'ORO

Il Salumaio di Montenapoleone €€€ D5
Die Travainis sind seit den 1950er-Jahren eine Institution in Mailand. In ihrem schicken Restaurant im romantischen Innenhof des Palazzo Bagatti Valeschi servieren sie Pastaspezialitäten und andere Leckereien.

- Via Santo Spirito 10 / Via Gesù 5
  Tel. 02 76 00 11 23
  www.ilsalumaiodimontenapoleone.it
  Mo–Sa 12–22.30 Uhr, So und Aug.geschl.

RESTAURANTS BRERA

Joia €€–€€€ E4
Eines der besten vegetarischen Restaurants Italiens.

- Via P. Castaldi 18 | Tel. 02 29 52 21 24
  www.joia.it | So geschl.

10 Corso Como Café €€ D3
Jede Menge Vegetarisches (aber nicht nur) in eleganter Shoppingatmosphäre, mit wunderschönem Innenhof.

- Corso Como 10 | Tel. 02 29 01 35 81
  www.10corsocomo.com
  tgl. 11–1 Uhr

Osteria del Treno €€ E3
Mittags öffentlich zugängliche Eisenbahnerkantine mit schmackhaften Gerichten, abends à la carte. Jugendstil-Ambiente im Saal.

- Via San Gregorio 46/48
  Tel. 02 670 04 79
  www.osteriadeltreno.it
  Mo–Fr 12.30–14.30 u. 20–24 Uhr, Sa nur abends, So geschl.

Osteria Stendhal €€ D4
Gemütliches Lokal mit Tischen im Freien und leckeren Gerichten zu zivilen Preisen.

- Via Ancona 1 | Tel. 02 486 11 51
  www.osteriastendhal.it
  tgl. 12.30–14.30 u. 19.30–23 Uhr

Osteria Alla Grande €–€€
Traditionelle Osteria im Baggio-Viertel, westlich der Altstadt. Hier wird mit und ohne Fleisch nach alten Mailänder Rezepten gekocht, nicht nur die hausgemachten Tagliatelle sind ein Gedicht.

- Via delle Forze Armate 405
  Tel. 02 48 91 11 66
  www.osteriaallagrande.com
  So u. Mo geschl.

TYPISCHE MAILÄNDER KÜCHE

- **Antica Trattoria della Pesa** €€ D3
  Gutes *risotto alla milanese*.
  Viale Pasúbio 10 | Brera
  Tel. 02 6 55 57 41 | www.anticatrattoriadellapesa.com
  So geschl.
- **Il Solferino** €€
  Mailänder Küchentradition seit 1909, im Hotel Antica Locanda Solferino in Brera > S. 31
  www.ilsolferino.com
- **La Latteria** €€ D4
  Sehr gute Regionalküche.
  Via San Marco 24 | Brera
  Tel. 02 6 59 76 53 | Sa, So geschl.
- **Le Vigne** €€ B7
  Traditionsreiche Osteria mit traditionellen Gerichten.
  Ripa di Porta Ticinese 61 | Navigli
  Tel. 02 58 11 32 24
  tgl. 12–15 u. 19.30–24 Uhr
- **Trattoria Milanese** €€
  Im Centro storico, empfehlenswertes Risotto. > S. 81
- **Trattoria all'Antica** €–€€ C6
  Berühmt für regionale Küche.
  Via Montevideo 4 | Navigli
  Tel. 02 8 37 28 49 | So geschl.
- **Trattoria Casottel** €
  Großartige Hausmannskost *alla milanese* 5 km südöstlich vom Zentrum Im Sommer mit Garten.
  Via Fabio Massimo 25
  Ⓜ Porto di Mare
  Tel. 02 57 40 30 09 | http://trattoriacasottel.squarespace.com
  Di geschl.

All'Isola € D3

Im Sommer sollte man auf dem Corso die Pizze und mediterrane Spezialitäten des Hauses genießen.

- Corso Como 10 | Tel. 02 6 57 16 24
  mittags und abends geöffnet, am Wochenende durchgehend

Princi € D3

In der Bäckerei gibt es auch ausgezeichnete Pizza, die von Armani eingekleidete Angestellte servieren.
Weitere Filiale: Largo La Foppa 2.

- Piazza XXV Aprile 5 | www.princi.com
  Mo–Fr 7–23, Sa/So 8–23 Uhr

RESTAURANT MAGENTA

La Brisa €€ C5

Feine saisonale Küche und feine Gäste. Der schattige Innenhof ist im Sommer sehr begehrt, deshalb reservieren!

- Via Brisa 15 | Tel. 02 86 45 05 21
  www.ristorantelabrisa.it
  12.45–14.30, 19.45–22.30, Sa geschl., So nur abends geöffnet

RESTAURANTS NAVIGLI

Il Luogo di Aimo e Nadia €€

Elegante Räume, dazu exzellente Küche.

- Via Raimondo Montecuccoli 6
  Tel. 02 41 68 86 | www.aimoenadia.com
  Sa nur abends geöffnet, So geschl.

Osteria del Binari €€ B7

In einem wunderschönen Garten genießt man exquisite regionale Küche.

- Via Tortona 3 | Tel. 02 8 39 50 95
  www.osteriadelbinari.com
  tgl. 12–14.30 u. 19.30–23 Uhr

Al Pont de Ferr €€ B7

Matias Perdomo serviert kreative Küche mit einem molekularen Touch.

- Ripa di Porta Ticinese 55
  Tel. 02 89 40 62 77
  www.pontdeferr.it
  tgl. mittags und abends

Ristorante Sadler €€ C8
Starkoch Claudio Sadler serviert kreative Küche, u. a. tolle Fischgerichte.
- Via Ascanio Sforza 77
  Tel. 02 58 10 44 51 | www.sadler.it
  Mo–Sa 19.30–22.30 Uhr, im Aug. geschl.

La Scaletta €€ B7
Feinste Küche in künstlerischem Ambiente. Reservierung notwendig!
- Piazzale Stazione di Porta Genova 3
  Tel. 02 43 98 63 16
  www.lascalettarestaurant.com
  tgl. 12–15 u. 19.30–23 Uhr, Sa nur abends, So geschl.

Luca e Andrea Café-Bar € C7
Gut, preiswert, wunderbar!
- Alzaia Naviglio Grande 34
  Tel. 02 58 10 11 42
  www.lucaeandreanavigli.it
  Mo 17–2, Di–So 8–2 Uhr

CAFÉS UND BARS

La Bottega del Gelato F3
Hochgelobt für seine Eisspezialitäten.
> **mehr S. 15 Punkt 20**
- Via Pergolesi 3 | Centro storico
  Tel. 02 29 40 00 76
  www.labottegadelgelato.it
  tgl. außer Mi 9–24 Uhr, im Winter bis 22 Uhr

Camparino in Galleria D5
Hier waren schon Verdi und Toscanini zu Gast. Eine Institution! > **S. 28, 94**
- Galleria Vittorio Emanuele II
  Quadrilatero d'oro
  Tel. 02 86 46 44 35 | www.camparino.it
  Mo geschl., sonst 7.15–20.30 Uhr

Caffè-Pasticceria Cova D5
Seit 1817 eines der stilvollsten Cafés der Stadt. Die Torten sind ein Traum, mittags werden auch kleine herzhafte Speisen serviert.
- Via Monte Napoleone 8
  Quadrilatero d'oro | Tel. 02 76 00 55 99
  www.pasticceriacova.com
  Mo–Sa 7.45–20.30, So 9.30–19.30 Uhr

Die beliebte Bäckerei-Café Princi am Largo La Foppa mit Blick auf die Torre UniCredit

Bar Magenta C5

Die legendäre Jugendstilbar ist eine Mailänder Institution und beliebt bei Jung und Alt, öfters gibt es auch Livemusik.

- Via Giosuè Carducci 13
  Magenta | Tel. 02 8 05 38 08
  www.barmagenta.it
  So–Do 7–2.30 Uhr, Fr, Sa 24 Std.

Pasticceria Biffi B5

In elegantem Ambiente werden (nicht nur) die köstlichsten Schokoladentrüffel Mailands serviert.

- Corso Magenta 87 | Magenta
  Tel. 02 48 00 67 02
  www.biffipasticceria.it
  tgl. 6.30-20.30 Uhr

Pasticceria Marchesi C5

Legendäre Torten in schönem Ambiente anno 1900. Filialen: Galleria Vittorio Emanuele II und Prada Galleria in der Via Monte Napoleone 9. > **mehr S. 15 Punkt 18**

- Via Santa Maria alla Porta 11/a
  Quadrilatero d'oro | Tel. 02 86 27 70
  www.pasticceriamarchesi.it
  Di–Sa 7.30–20, So 8.30–13 Uhr

Sant'Ambroeus E5

Der Teesalon des Cafés ist genauso prächtig wie das Backwerk lecker.

- Corso Matteotti 7 | Quadrilatero d'oro
  Tel. 02 76 00 05 40
  www.santambroeusmilano.it
  Mo–Sa 7.45–20.30, So ab 8.45 Uhr

SHOPPING

Mailand, das ist Lebensart zwischen Kunst und Kommerz, eine Schaufensterstadt, die den Traum vom Luxus auf Schritt und Tritt lebendig hält. Kaum zu überbieten ist die Welt der schönen Dinge, die den Flaneur auf seinem Stadtspaziergang ständig begleitet und in Versuchung bringt.

Das Viertel, wo sich die edelsten und auch besten Modegeschäfte befinden, ist das **Quadrilatero d'oro** (Goldene Viereck). Rund um die Via Monte Napoleone sind seit dem Aufstieg Mailands zum Modezentrum Italiens alle wichtigen Modedesigner hier mit Boutiquen vertreten.

Es gibt aber auch noch andere Einkaufsviertel, in denen es zwar weniger edel zugeht, dafür aber weitaus origineller. Im **Künstlerviertel Brera** zum Beispiel haben sich interessante Nachwuchsdesigner neben Schustern, Lebensmittelhändlern und Trödlern niedergelassen. Galerien zeigen das Neueste vom Kunstmarkt und Schmuckkünstler ausgefallenste Kreationen.

Etwas abgerissen, aber durchaus im Trend der Zeit präsentiert sich das **Viertel zwischen Porta Ticinese und Porta Genova** im Südwesten der Stadt. Hier gibt es Mode, die nicht allein auf standesgemäße Repräsentation ausgerichtet ist: Wer beispielsweise verrückte Klamotten, Schmuck aus den 1930er- und 1950er-Jahren oder Kleider aus den 1940er-Jahren sucht, wird hier mit Sicherheit fündig. Inzwischen entdecken aber auch Edeldesigner die Gegend und machen hier dem Quadrilatero d'oro Konkurrenz.

Designerlampen im Showroom von Artemide

DESIGN UND FASHION

10 Corso Como D3

Hippes Shoppingparadies für alle, die die Trends von morgen bei Wohnaccessoires, Dekoration und Mode suchen. Mit Café › S. 35 und exklusivem Designhotel »3 Rooms« › S. 31.

- Corso Como 10 | Brera
  www.10corsocomo.com

Alessi D5

Im Flagship Store von Alessi wird das ganze Sortiment des bekannten Designhauses für ästhetisch-funktionale Gebrauchsgegenstände präsentiert.

- Via Alessandro Manzoni 14/16
  Quadrilatero d'oro | www.alessi.com

Armani Casa D5

Schönes fürs Haus im Laden des Modeschöpfers.

- Corso Venezia 14 | Quadrilatero d'oro
  www.armanicasa.com

Artemide E5

Seit über 40 Jahren führend im Lampendesign.

- Corso Monforte 19 | Quadrilatero d'oro
  www.artemide.com

Black Out Illuminazioni D5

Im Showroom erstrahlen die neuesten Designerlampen und -leuchten.

- Via dell'Orso 7/a | Brera
  www.blackoutlucedesign.it

Design Republic C6

Tolle Interiors: Regale, Lampen, Sessel. Einfach mal schauen und inspirieren lassen (und evtl. online kaufen).

- Corso di Porta Ticinese 3
  Quartiere Ticinese
  www.designrepublic.com

Driade E5

Neueste Trends für Wohnung und Büro.

- Via Borgogna 8 | Centro | www.driade.it

BESONDERE MODELÄDEN

- **Antonia** D5
  Coolness prägt Laden und Kollektionen von Antonia Giacinti.
  Via Cusani 5 | Brera | antonia.it
- **Borsalino** E5
  Legendäres Hutgeschäft.
  Via Sant'Andrea 5 | Quadrilatero d'oro | Tel. 02 87 89 10
  www.borsalino.com
- **Dolce & Gabbana** E5
  Von David Chipperfield gestalteter Laden. Im Innenhof ist die Martini Bar Treff der Models.
  Corso Venezia 15 (für Männer)
  Tel. 02 76 02 84 85
  Via Della Spiga 26 (für Frauen)
  Tel. 02 76 00 11 55
  Quadrilatero d'oro
  www.dolcegabbana.com
- **Gucci** D5
  Accessoires der Nobelmarke.
  Galleria Vittorio Emanuele II
  Quadrilatero d'oro
  Tel. 02 859 79 91 | www.gucci.com
- **Frip** C6
  Coole Mode von skandinavischen, französischen und britischen Labels.
- Corso di Porta Ticinese 16
  Ticinese | www.frip.it
- **Stella McCartney** D5–E5
  Kollektion der Modedesignerin, dazu Adidas by Stella McCartney.
  Via Santo Spirito 3 | Quadrilatero d'oro | www.stellamccartney.com
- **Jimmy Choo** D5
  Flagship Store des britischen Luxusschuhlabels. > S. 102

Flos E5
Lichtobjekte renommierter Designer.
- Corso Monforte 9 | Quadrilatero d'oro
  www.flos.com

Fontana Arte E5
Durchgestylter Laden mit dem neuesten Lichtdesign.
- Corso Monforte 13 | Quadrilatero d'oro
  www.fontanaarte.com

Cargo – High Tech
Zwei zusammengehörende große Trendläden mit einer überwältigende Auswahl an klassischen und ausgefallenen Möbeln, Wohn- und sonstigen Accessoires – von No-Name-Produkten bis Markenware.
- Piazza XXV Aprile 12 (High Tech) | Brera
  Via Privata Antonio Meucci 43 (Cargo HT)
  Ponte Nuovo
  www.cargomilano.it
  Di–So 10.30–19.30 Uhr

Moroni Gomma E5
Ein Klassiker unter den Designläden, hier gibt es nützliche, schöne und schräge Accessoires für Küche, Bad und Büro. > **mehr S. 17 Punkt 32**
- Corso Matteoti 14 | Quadrilatero d'oro
  www.moronigomma.it

Wait and See C6
Erfrischend andere Modemischung in der Maliänder Szene: Damenmode, Schuhe und Accessoires – ein bisschen Vintage, ein bisschen California Style.
- Via Santa Marta 14 | Centro storico
  www.waitandsee.it

OUTLETS

Eldorado Stock House E5
Alles, was in den Edelboutiquen im vergangenen Jahr teuer angeboten wurde.

- Via Monte Napoleone 26
  Quadrilatero d'oro
  Di–Sa 9.30–19.30 Uhr

Il Salvagente F5

Der etablierte Shop bietet Designermode, Schuhe und Accessoires zahlreicher Labels bis zu 70 % billiger feil.

- Via Fratelli Bronzetti 16 | Centro
  www.salvagentemilano.it
  Di–Sa 10–19.30, So 11–14, 15–19, Mo 15–19.30 Uhr

The Highline Outlet D/E5

Überbleibsel aus Vorjahreskollektionen internationaler Designer wie Yoshi Yamamoto und Issey Myake – für Frauen, Männer und Kinder.

- Corso Vittorio Emanuele 30 | Brera
  tgl. 10–20 Uhr

Magazzini Firme Outlet D5

Auf zwei Stockwerkengibt es Mode und Accessoires von Versace, Just Cavalli, D&G oder Gautier bis zu 70 % günstiger.

- Via Orefici / Ecke Via Victor Hugo
  Centro storico
  http://magazzinifirmeoutlet.it
  tgl. 10–19.30 Uhr

Vestistock F4

Alle großen italienischen Bekleidungshersteller und weitere Marken wie YSL und Burberry sind hier vertreten.

- Via Ramazzini 11 | Centro
  www.vestistock.com | tgl. 10–19.30 Uhr

Serravalle Designer Outlet

180 Geschäfte der führenden Mode- und Sportmarken findet man im größten Outletcenter Italiens, rd. 95 km südlich von Mailand (Richtung Genua). Tgl. Shuttle ab Stazione Centrale (Piazza IV Novembre, Ecke Hotel Gallia), Tickets online kaufen: www.autostradaleviaggi.it; Hinfahrt um 10 u. 12 Uhr, Rückfahrt um 16.30, 18.30 u. 20.30 Uhr.

- Via della Moda 1 | 15069 Serravalle
  www.mcarthurglen.com/it
  tgl. 10–21 Uhr

SECONDHAND-MODE

Memory Lane

Feine Roben aus allen Epochen des 20. Jahrhunderts. > **mehr S. 18 Punkt 34**

- Via Malaga 6 | Centro
  www.memorylanevintagemilano.com

Mercatino Michela D4

Wenig getragene Secondhand-Designermode zu erschwinglichen Preisen.

- Via della Spiga 33 | Quadrilatero d'oro
  Filialen: Viale Regina Giovanna 8 und Via Corridoni 5

BÜCHER

Hoepli D5

Italiens größter Buchladen erstreckt sich über sechs Etagen. Ein Leseratten-Mekka!

- Via Ulrico Hoepli 5
  Quadrilatero d'oro | www.hoepli.it
  Mo–Sa 10–19.30 Uhr

Mondadori Megastore D5

Riesige verlagseigene Buchhandlung.

- Piazza Duomo 1 | Centro storico
  www.mondadoristore.it
  Mo–Mi 9–22, Do–So 9–23 Uhr

Rizzoli D5

Verlagsbuchhandlung nahe des Ausgangs zur Piazza della Scala.

- Galleria Vittorio Emanuele II
  Quadrilatero d'oro
  www.rizzolilibri.it/rizzoligalleria
  tgl. 9–20, Do bis 22 Uhr

MUSIK

Buscemi C5

Hits, Klassik und Musikliteratur.

- Corso Magenta 29 | Magenta
  www.buscemihifi.it
  Di–Sa 10–13.30, 15–19.30 Uhr, Mo nur nachmittags

La Feltrinelli – Ricordi Media Stores D5

Die Musikabteilung der Großbuchhandlung führt CDs, LPs, Noten und Musikliteratur in guter Auswahl. > **mehr S. 18 Punkt 38**

- Piazza Duomo / Via U. Foscolo 1/3
  Quadrilatero d'oro | www.lafeltrinelli.it
  Mo–Do 9–21, Fr/Sa 9–22, So 10–20 Uhr

FEINKOST

Brambilla F4

Hausgemachte Pasta, darunter außergewöhnliche wie die *pasta al cacao*, werden hier verkauft oder, schmackhaft zubereitet, im kleinen Ladenbistro serviert.

- Via Melzo 2 | Centro

Drogheria Parini D5

Feinkost und Süßigkeiten aller Art – ein Paradies für Naschkatzen im Shop des Restaurants. Weinfreunde werden in der gut sortierten Enoteca fündig.

- Via Borgospesso 1 | Quadrilatero d'oro

Enoteca Cotti D4

Ausgezeichnete Weinhandlung mit rund 1000 Weinen, gleich nebenan bietet die kleine Bar »La Chiusa« Gelegenheit zum Verkosten.

- Via Solferino 42 | Brera
  www.enotecacotti.it

La Fungheria F3

Frische, eingelegte oder getrocknete Steinpilze, Pilzcremes, Trüffel, Öle und exklusive Pasta. > **mehr S. 19 Punkt 40**

- Viale Abruzzi 93 | Centro
  www.lafungheria.com

N'ombra de Vin D4

Bestens sortierte Weinhandlung in einem schönen Keller, wo man bis Mitternacht vor dem Kauf auch degustieren kann.

- Via San Marco 2 | Brera
  www.nombradevin.it

Pasticceria Ranieri D4

Der Panettone mit Ananas ist die Spezialität dieser Feinbäckerei.

- Via della Moscova 7 | Brera

Peck D5

Salami, Parmesan, Steinpilzsauce im Glas, die besten Weine, Schokolade – das Beste aus Italiens köstlicher Küche auf rund 3000 m^2. Ein Paradies > **S. 81.**

- Via Spadari 9 | Centro storico
  www.peck.it

Rossi e Grassi Salumeria D4/5

Käse, Mortadella, Schinken und Wein vom Feinsten kann man vor Ort verkosten und / oder vakuumverpackt mitnehmen.

- Via Ponte Vetero 4 und Via Solferino 12
  Brera | http://rossiegrassi.it

Venchi D5

Die Adresse für feine Schokolade, hier gibt es sogar »Chocaviar« – luxuriöser kann Schokoladeessen nicht sein.

- Via Mengoni, Ecke Via T. Grossi
  im Hyatt Hotel | Centro storico

KAUFHÄUSER, EINKAUFSZENTREN

Excelsior D5

Auf sieben Etagen findet man in der Mall in Domnähe gehobene Mode und Sportswear, Schmuck, Design- und Lifestyleartikel sowie Feinkost.

In der Obicà Mozzarella Bar im Kaufhaus La Rinascente diniert man mit Domblick

- Galleria del Corso 4 | Centro storico
  www.excelsiormilano.com
  tgl. 10–20.30 Uhr

Fiordaliso
Riesiges Einkaufszentrum für fast jeden Bedarf, im Vorort 10 km südlich.

- Via Curiel 25 | Rozzano
  www.fiordaliso.net
  Mo–Fr 9–22, Sa 8.30–22 Uhr

La Rinascente D5
Das Traditionskaufhaus gehört zu den ersten Adressen beim gehobenen Shopping. Caféterrasse mit Domblick.

- Piazza Duomo 10 | Centro storico
  www.rinascente.it
  So–Do 9.30–21, Fr/Sa bis 22 Uhr (z. T. abweichende Öffnungszeiten, aktuelle auf der Website)

Filialen der preiswerten Kaufhäuser **Upim** (www.upim.it) und **Coin** (www.coin.it) gibt es in der ganzen Stadt.

ANTIQUITÄTEN

Bei den Navigli, den malerischen Kanälen Mailands, lockt der **Mercatone dell'Antiquariato** jeden letzten Sonntag im Monat zwischen 9 und 18 Uhr die Mailänder in Scharen an. Rund um die Darsena > **S. 137**, zwischen Viale Gorizia und Ponte di Via Valenza, wird an rund 400 Ständen ein buntes Sammelsurium an Antiquitäten, Trödel und Secondhandwaren feilgeboten. Wer frühzeitig kommt, hat noch gute Chancen, so manches Schnäppchen von der *tazzina* (Mokkatasse) bis zur samtenen *poltrona* (Sessel) zu machen. Leider sind die Preise jedoch oftmals alles andere als von gestern.

DIE SCHÖNSTEN MÄRKTE

- **Mercatone dell'Antiquariato.** Am letzten Sonntag im Monat (außer im Juli) füllen sich die Gassen um die Darsena und am Naviglio Grande mit Ständen für Antiquitäten und Trödel. › **S. 43**
- Navigli | Ⓜ 2, P.ta Genova
- **Mercato di Viale Papiniano.** Dank seiner Altstadtlage ist der Wochenmarkt in der Viale Papiniano sehr beliebt: Neben Lebensmitteln gibt es Kleidung und Schuhe. › **rechts**
- Centro storico | Ⓜ 2, S. Agostino
- **Mercato di Via Fauche** B3. Auf dem Wochenmarkt türmen sich an den Ständen Schuhe, Taschen und Kleidung – mitunter auch großer Modemarken – in guter Qualität zu kleinem Preis, zudem frisches Obst und Gemüse
  Magenta | Ⓜ 5, Gerusalemme
  Di 8.30–14 Uhr, Sa bis 18 Uhr
- Centro storico | Ⓜ 2, S. Agostino
- **Mercato di Piazza Mirabello** D4. In der Nähe der Giardini Pubblici kann man Obst, Käse, Wurst- und Feinkost einkaufen – und sich dann im Park zum Picknick niederlassen.
  Brera | Ⓜ 3, Turati | Do 9–13 Uhr
- **Mercato di Via Garigliano** D2. Neben frischen Lebensmitteln gibt es auf dem Markt in Isola › **S. 118** auch jede Menge Textilien, neu und secondhand.
  Isola | Ⓜ 5, Isola
- Di 8–14, Sa bis 18 Uhr

Nahe der Brera findet auf der Via dei Fiori Chiari D4 jeden dritten Sonntag im Monat (außer im Aug.) der **Mercatino di Brera** statt, ein etwas edlerer Antiquitätenmarkt als jener bei den Navigli. Mehr als 70 Stände bieten hier Altes und Kurioses an › **S. 109, 113.**

Ausgefallenen Schmuck aus den 1930er- und 1940er-Jahren gibt es in Brera in der **Via Solferino** D4.

WOCHENMÄRKTE

Eine komplette Auflistung der Wochenmärkte in Mailand mit Detailinfos und interaktiver Karte findet man unter www.mercati-settimanali.it/Milano

Gemüse, Schuhe, Haushaltswaren, Kleider und Honig bietet der Markt in der **Viale Papiniano** B6 (Di 8–14 Uhr, Sa bis 18 Uhr), der zu den malerischsten Mailands gehört und quasi ein Stück Stadtidentität darstellt, denn hier sind die Mailänder unter sich. Lauthals wird alles angeboten, was man zum Leben so braucht. Und wenn man mit etwas Muße den einen oder anderen Kleiderberg durchsucht, lässt sich schon mal ein Stück herausziehen, für das man in Mailands Quadrilatero d'oro sicher den zehnfachen Preis hätte zahlen müssen.

Donnerstags von 7.30–14 Uhr findet man einen interessanten Markt in der **Via Pietro Calvi** F5. Beim Stöbern in den Kleiderbergen entdeckt man mit etwas Glück auch mal ein Designerstück.

Freitags kann man von 7.30–14 Uhr in der **Via Mario Pagano** B4 Lebensmittel sowie Schuhe und Textilien kaufen. Die Preise und die Qualität der Waren sind eher überdurchschnittlich.

AM ABEND

Das Mailänder Nachtleben zeigt ganz unterschiedliche Gesichter, sei es bei einem Opernbesuch in der Scala, bei einem Jazzkonzert oder bei einer heißen Nacht im angesagten Klub »Just Cavalli«.

Der Abwechslungsreichtum der Stadt spiegelt sich auch im allabendlichen Angebot wider – es gibt kaum eine Stil- oder Musikrichtung, die hier nicht vertreten wäre. Am liebsten gehen die Mailänder in der Gruppe aus. In Mailands Bars und Klubs sucht man keine neue Gesellschaft, sondern erscheint lieber gleich mit ihr. Wer genau wissen möchte, was abends los ist, kann sich z. B. unter www.hellomilano.it oder www.wheremilan.com informieren.

Theaterkarten sowie Tickets für Veranstaltungen bekommt man an den Theaterkassen selbst, in den Veranstaltungsagenturen wie bei La Feltrinelli – Ricordi Media Stores › **S. 42** in der Galleria Vittorio Emanuele II oder online auf www.boxtickets.it.

THEATER UND OPER

Teatro alla Scala D5

Die »Scala« ist eines der berühmtesten und bedeutendsten Opernhäuser der Welt. Entsprechend schwierig ist es, Karten für die herausragenden Opern-, Ballett- und Konzertaufführungen zu ergattern › **S. 46.**

- Via Filodrammatici 2 | Quadrilatero d'oro
  Tel. 02 86 17 68 | www.teatroallascala.org

Teatro Manzoni D4

Das historische, 1873 nach dem Mailänder Dichter Alessandro Manzoni benannte Theater zählt zu den schönsten Italiens.

- Via Manzoni 42 | Quadrilatero d'oro
  Tel. 02 76 36 901 | www.teatromanzoni.it

Teatro dell'Arte C4

Betreiber ist das CRT (Centro di Ricerca per il Teatro), dargeboten werden Tanz- und Musiktheater wechselnder Regisseure. Im Gebäude hat auch das Triennale Design Museum › **S. 77** seinen Platz.

- Viale Alemagna 6 (im Parco Sempione)
  Centro storico | Tel. 02 72 43 41
  www.triennale.org/teatro
  Kartenverkauf bis 1 Std. vor Vorstellungsbeginn.

Piccolo Teatro D5

Bedeutendste Bühne Mailands, an der der geniale Giorgio Strehler Intendant war › **S. 84.** Bespielt werden die Bühnen des Teatro Strehler (Largo Greppi 1) und des Teatro Studio Melato › **unten.**

Piccolo Teatro Studio Melato C4

Die Studiobühne ist in einem alten Operettenhaus untergebracht, das von Stararchitekt Zanuso umgebaut wurde.

- Via Rivoli 6 | Quadrilatero d'oro
  Tel. 02 42 41 18 89 | www.piccoloteatro.org

Casa della Musica & Salon Parisien C7

Theatercafé, das Kabarett, Konzerte und szenische Darstellungen diverser Genres, wie Burlesque, im Programm hat.

- Via Ascanio Sforza 81 | Navigli
  Tel. 346 353 64 67

KLUBS

Armani Privé D4–D5

Sollte man an den Türstehern des im Sept. 2018 neu gestylt wiedereröffneten Klubs vorbeikommen, ist man Teil der Schickeria.

- Via Gastone Pisoni 1 | Quadrilatero d'oro Tel. 02 62 31 26 55 http://armaniprivecIub.com

Blue Note D2

Jazz vom Feinsten. Jeden Tag spielen international besetzte Gruppen.

- Via Borsieri 37 | Isola Tel. 02 69 01 68 88 www.bluenotemilano.com Mo geschl.

KARTEN FÜR DIE SCALA

Um Karten für das chronisch ausverkaufte Opernhaus > S. 94 zu ergattern, brauchen Sie eine Portion Glück. Bestellen kann man Tickets unter Tel. 02 86 07 75 oder www.teatroallascala.org. Von 12–18 Uhr ist die Theaterkasse in der Galleria del Sagrato am Dom, 2,5 Std. vor Aufführungsbeginn die Abendkasse in der Via Filodrammatici 2 geöffnet. Zu überhöhten Preisen bieten fliegende Händler Karten noch kurz vor den Aufführungen an. Darüber hinaus vergibt der Musikverein »L'Accordo« für jede Aufführung 140 Eintrittskarten. Dafür muss man sich am Tag der Aufführung um 13 Uhr an der Abendkasse (Via Filodrammatici 2) bei einem Mitarbeiter von »L'Accordo« registrieren lassen. Um 17 Uhr werden dann mittels Namensliste Marken zum Erwerb einer Karte an der Abendkasse vergeben. > mehr S. 13 Punkt 4

Hollywood Rythmoteque D3

Schöne Menschen und ab und zu Prominente tummeln sich hier.

- Corso Como 15 | Brera | Tel. 338 505 57 61 www.discotecahollywood.com Di–So 22.30–5 Uhr

Just Cavalli Club C4

Einer der angesagtesten Nachtklubs, in dem das illustere Publikum zu heißen Rhythmen groovt. > auch S. 89

- Via Luigi Camoens | Parco Sempione Centro storico | Tel. 02 31 18 17 www.justcavallimilano.com tgl. ab 23 Uhr

Old Fashion Club C4

Der Name täuscht – hier feiert ein bunt gemischtes, eher junges Partyvölkchen. Zum Klub gehört auch ein vegetarisches Restaurant. Wer hier speist, spart sich den Eintritt für die Disco. Im Sommer tanzt man auch unter freiem Himmel.

- Viale Emilio Alemagna 6 | Castello Tel. 02 805 62 31 | www.oldfashion.it So–Mo 23–5 Uhr

Tocqueville 13 Club D3

Hier durchtanzt das junge Publikum die Nächte, Do ist Musik der 90er angesagt.

- Via Alessio de Tocqueville 13 Varesine | www.tocqueville13.club Fr–Di 23–5 Uhr

BARS UND KNEIPEN

Bar Basso F4

Mailands älteste Bar ist bis heute ein Kultort für coole Drinks und Cocktails.

Das weltberühmte Mailänder Opernhaus Teatro alla Scala

- Via Plinio 39 | Città Studi
  Tel. 02 29 40 05 80 | www.barbasso.com
  Mi–Mo 9–1 Uhr

Spritz Navigli C7
Eine junge Location am Naviglio Grande, jeden Abend gibt es von 18–22 Uhr ein reichlich bestücktes Aperitif-Buffet (15 €)

- Ripa di Porta Ticinese 9 | Navigli
  Tel. 02 83 39 01 92 | www.spritznavigli.it

El Brellin C7
Aus einem ehemaligen Fahrradkeller ist eine der heißesten Bars der Stadt geworden. › **mehr S. 13 Punkt 5**

- Alzaia Naviglio Grande 14 | Navigli
  Tel. 02 58 10 13 51 | www.brellin.it

Bar Jamaica D4
Ein buntes Volk aus Künstlern, Börsenjobbern und Studenten bevölkert die Bar. Im dazugehörigen kleinen Bistro kann man von morgens bis nach Mitternacht typische mailändisch speisen.

- Via Brera 32 | Brera
  Tel. 02 87 67 23 | www.jamaicabar.it

Living C4
Ein ehemaliges Postamt dient heute als gut sortierte Bar, die z. B. mehr als 100 Wodkasorten im Angebot hat.

- Piazza Sempione 2
  Centro storico | Tel. 02 33 10 08 24
  www.livingmilano.com | tgl. 8–2 Uhr

Le Trottoir alla Darsena C7
Das Lokal wird von vielen Künstlern besucht und ist überaus beliebt. Veranstaltet werden sowohl Vernissagen als auch Livekonzerte und DJ-Abende. Die Aperitifs sind ein Genuss.

- Piazza XXIV Maggio 1 | Navigli
  www.letrottoir.it | tgl. 11–4 Uhr

Principe Bar E3
Elegante Bar im Hotel Principe di Savoia › **S. 30** mit dem Charme eines stilvollen Wohnzimmers, die Cocktails sind hochpreisig (um 20 €), zwischen 19 und 21 Uhr werden dazu appetitliche Häppchen gereicht.

- Piazza della Repubblica 17
  Quadrilatero d'oro | Tel. 02 62 30 50 65
  tgl. 18–1.30 Uhr

In der opulenten Edelpassage
Galleria Vittorio Emanuele II

LAND & LEUTE

STECKBRIEF

- **Fläche:** Mailands Stadtgebiet umfasst 182 km²
- **Geographische Lage:** 48° 28' nördlicher Breite, 9° 11' östlicher Breite
- **Einwohnerzahl:** 1,37 Mio.
- **Bevölkerungsdichte:** 7527 Einwohner pro km²
- **Bevölkerung:** Der Ausländeranteil liegt in Mailands Bevölkerung bei rund 20 %. Die größte Gruppe der gemeldeten ausländischen Residenten bilden die Phillipinos (ca. 41 000), gefolgt von Ägyptern (ca. 38 000) und Chinesen (ca. 29 000).
- **Verwaltung:** Hauptstadt der Lombardei und der Provinz Mailand
- **Sprache:** Italienisch

- **Religion:** überwiegend Katholiken
- **Vorwahl für Mailand:** 02
- **Landesvorwahl:** 00 39
- **Währung:** Euro
- **Zeitzone:** MEZ

LAGE

Mailand *(Milano)* liegt 100–147 m ü. NN in der Poebene, zwischen dem Fluss Po im Süden und den Alpen im Norden. Das Stadtgebiet wächst mit fast 190 km² und 1,37 Mio. Einwohnern immer weiter ins Umland hinein. Zahlreiche kleine Städte umgeben die Metropole zusammen mit gigantischen Industrieanlagen wie ein breiter Gürtel. Die Metropolregion Mailand zählt über 7 Mio. Einwohner.

Zwei Flüsse, im Osten der Lambro, im Westen die Olona, umfließen das Stadtgebiet. Wenn Shakespeare in »Zwei Herren aus Verona« von einer Schiffsreise von Verona nach Mailand berichtet, dann entspringt das nicht dichterischer Fantasie, sondern den Gegebenheiten der Schifffahrt in der Epoche der Renaissance. Noch heute verbinden die *navigli*, die Kanäle, Mailand mit den oberitalienischen Seen und den wichtigsten lombardischen Flüssen.

POLITIK UND VERWALTUNG

Mailand, Italiens zweitgrößte Stadt, ist Hauptstadt der Provinz Mailand sowie Hauptstadt der Region Lombardei. Politisch steht die lombardische Metropole im Schatten Roms. Auf die Hauptstadt, die das in Mailand verdiente Geld ausgibt, ist man deshalb nicht gut zu sprechen. Das nutzt die populistische Lega Nord, die seit geraumer Zeit mit Forderungen nach mehr Autonomie und mit fremdenfeindlichen Parolen auf Stimmenfang geht – mit beträchtlichem Erfolg.

Bei der Mailänder Stadtregierung wurde – nach einem Intermezzo unter Führung der Linken mit dem parteilosen Giuliano Pisapia – bei den Kommunalwahlen 2016 Giuseppe (»Beppe«) Sala vom Partito Democratico (PD) ins Bürgermeisteramt gewählt. Er sitzt einem Mitte-Links-Stadtrat vor – entgegen dem jüngeren Trend in Italien, mit einem deutlichen Rechtsruck und zunehmendem Wählerzuspruch bei der rechtspopulistischen, fremden- und EU-feindlichen Lega auf kommunaler und Landesebene.

WIRTSCHAFT

Nach dem Anschluss an das Königreich Italien nahm Mailand einen rasanten Aufschwung. Industriebetriebe und neue Handelsunternehmen schossen aus dem Boden. Mailands Umland verwandelten sich in eine riesige Industrielandschaft, die heute den Takt der gesamten italienischen Wirtschaft vorgibt. Die Metropole ist aber nicht nur Italiens wichtigster Industriestandort, sondern auch das herausragende Handels- und Finanzzentrum. An der Mailänder Börse wird ein Großteil des italienischen Aktienumsatzes gemacht. Der Dienstleistungssektor floriert nach wie vor. Von den 200 größten italienischen Unternehmen hat gut die Hälfte ihre Zentrale im Großraum Mailand. Hier residieren die meisten Werbeagenturen, Medienkonzerne und Verlage, hier ist das Pro-Kopf-Einkommen noch immer das höchste in Italien.

Wenn auch die Expo 2015 nicht unumstritten war, hat der damit verbundenene Infrastrukturausbau in Mailand einen weiteren Aufschwung eingeleitet. Das Gelände selbst soll nun in einen Campus für Zukunftstechnologien umgewandelt werden.

NATUR UND UMWELT

Die Metropolregion Mailand hat mit diversen ökologischen Belastungen zu kämpfen. Die größten Umweltsünden verursachten bis ins 21. Jh. hinein die städtischen Abwässer, die nahezu ungeklärt in den Po bzw. seine Zuflüsse und weiter in die Adria flossen. Mittlerweile entspricht das Klärsystem den EU-Anforderungen. Doch es gibt noch genügend Probleme. Skandale und Fehlplanungen ranken sich um die Müllbeseitigung, die Anlage von Deponien, die Schaffung von Parks.

Ein weiteres Mailänder Umweltproblem ist die sehr hohe Luftverschmutzung und Smoggefahr v.a. durch die Industrie und den Individualverkehr. Letzern versucht man seit 2012 mit einer Citymaut für PKW, LKW und Reisebusse in der sogenannte Area C der Innenstadt zu reduzieren › S. 25. Zudem ist Mailand landesweit führend bei Angebot und Nachfrage von Carsharing und Fahrradstationen, das U-Bahn-Netz wird weiter ausgebaut (u.a. Ost-West-Verbindung M 4 Linate – San Cristoforo bis ca. 2020).

Umweltprobleme und Nachhaltigkeit waren auch das Thema der Expo 2015 in Mailand. Für die Weltausstellung wurde auf einer Industriebrache im Nordwesten der Stadt ein neues Messegelände erschlossen, Grünflächen wurden angelegt.

GESCHICHTE IM ÜBERBLICK

400 v. Chr. Die keltischen Insubrer, die im Zuge ihrer Wanderungen auch in das etruskische Italien einfielen, waren die ersten dauerhaften Siedler in der Region.

222 v. Chr. Die Römer erobern die Insubrer-Siedlung und nennen den Ort Mediolanum (Ort der Mitte), da sich hier römische Verbindungsstraßen kreuzen.

293 n. Chr. Im Zuge der Neuordnung des Römischen Reiches unter Diokletian wird Mailand Hauptstadt der westlichen Reichshälfte.

313 Kaiser Konstantin erlässt das Mailänder Toleranzedikt, das den Christen Glaubensfreiheit zugesteht.

374–397 Der hl. Ambrosius ist Bischof von Mailand. Er übt auch starken Einfluss auf die kulturelle und gesellschaftliche Entwicklung der Stadt aus.

402 Die Westgoten erobern Mailand, 452 folgen die Hunnen.

476 Untergang des Weströmischen Reichs. Die auf Eroberungskurs durchziehenden Völker verwüsten die Stadt häufig.

568 Die Langobarden, die der Lombardei ihren Namen gaben, dringen nach Oberitalien ein.

773 Das Langobardenreich fällt an Karl den Großen. Die Vormachtstellung der Karolinger in Oberitalien gerät jedoch erst mehr als ein Jahrhundert später ins Wanken.

962 folgen die deutschen Kaiser als Herrscher des Langobardenreichs.

1154–1183 Friedrich I. Barbarossa führt einen Eroberungskrieg gegen die lombardischen Städte.

1162 Dabei wird Mailand zerstört. Unter der Führung Mailands bildet sich 1167 der »Lombardische Städtebund«, der 1176 den Kaiser bei Legnano besiegt.

1183 erlangen die Städte im Frieden von Konstanz ihre Unabhängigkeit.

1261–1311 Machtkämpfe zwischen den Visconti und den Della Torre (Torriani) um die Herrschaft, aus denen 1311 Matteo Visconti als Sieger hervorgeht.

1395 Gian Galeazzo Visconti wird Herzog von Mailand und dehnt den Herrschaftsbereich bis Verona, Bologna und Genua aus.

1450 Francesco Sforza, Schwiegersohn des letzten Visconti, übernimmt die Macht und gründet eine Dynastie.

1479–1499 Unter Ludovico Sforza il Moro, dem zweiten Sohn Francesco Sforzas, erlebt die Stadt eine ungeahnte Blütezeit.

1499 Der französische König Ludwig XII. erhebt Machtansprüche auf das Herzogtum Mailand und vertreibt Ludovico il Moro; wechselnde Machtverhältnisse.

1525 Kaiser Karl V. besiegt bei Pavia Franz I. von Frankreich; das Herzogtum Mailand wird Lehen der Habsburger.

1541 Unter den spanischen Habsburgern erhält Mailand eine Verfassung, die bis 1796 gültig bleibt.

1556 Mailand fällt nach der Teilung des Habsburgerreiches an Spanien und bleibt bis 1714 unter dieser Herrschaft.
1560 Carlo Borromeo wird Erzbischof von Mailand und wirkt federführend bei der Reformierung der katholischen Kirche mit.
1701–1704 Spanischer Erbfolgekrieg. Das Herzogtum Mailand fällt an das Haus Österreich.
1796 Napoleon erobert die Lombardei und bestimmt Mailand zur Hauptstadt der »Cisalpinischen Republik«; 1805 Krönung zum König von Italien.
1814–1815 Nach Napoleons Niederlage spricht der Wiener Kongress Mailand und die Lombardei Österreich zu.
1848 Im Zuge des *Risorgimento* scheitert der Aufstand der *Cinque Giornate* (Fünf Tage, 18.–22. März) am österreichischen Militär unter Gouverneur Radetzky.
1859 Nach der Niederlage gegen das Königreich Sardinien muss Österreich die Lombardei an König Vittorio Emanuele II abtreten.
1922 Mussolini startet in Mailand seinen »Marsch auf Rom«.
1943/44 Mailand wird im Zweiten Weltkrieg schwer zerstört.
1946 Italien wird Republik.
1990–1994 Der Mailänder Staatsanwalt Antonio di Pietro deckt weitreichende Korruptionen auf.
2014 Die beiden städtebaulich einzigartigen neuen Wohntürme »Bosco Verticale« mit ihren begrünten Balkonen und Fassaden werden mit dem Internationalen Architekturpreis ausgezeichnet.

»Tree of Life« auf der Expo Milano 2015

2015 Internationale Weltausstellung von Mai bis Ende Oktober in Mailand. Die Expo Milano lockt mehr als 22 Mio. Besucher an.
2016 Bei den Komunalwahlen im Juni unterliegt der linke Mailänder Bürgermeister Giuliano Pisapia seinem Herausforderer Giuseppe Sala (PD). Am 13.10. stirbt der große Theaterautor, Satiriker und Literatur-Nobelpreisträger Dario Fo im Alter von 90 Jahren in Mailand.
2017 Bei einer Volksbefragung in der Lombardei und Venetien stimmt die Mehrheit für mehr Autonomie ihrer Regionen, d.h. auch weniger Steuerzahlungen an Rom.
2018 Nach den italienischen Parlamentswahlen übernimmt ein Bündnis von linkspopulistischen Fünf-Sterne-Bewegung und der ultrarechten Lega die Regierungsgeschäfte. Der parteilose Rechtswissenschaftler Giuseppe Conte wird Ministerpräsident.

DIE MENSCHEN

Die Millionenmetropole Mailand ist nicht nur ein kulturelles und wirtschaftliches Zentrum, sondern auch ein Schmelztiegel von Menschen verschiedenster Herkunft.

So sind knapp 20 % der Bevölkerung gemeldete Ausländer. Wie viele *clandestini*, illegale Migranten, in der Stadt leben, weiß niemand. Die erste Welle von Zuwanderung erfuhr die Stadt durch Industriearbeiter aus dem armen Süden Italiens. Durch soziokulturelle Unterschiede war und ist das Verhältnis zwischen den distinguierten Mailändern und den Leuten aus dem *mezzogiorno* zwar distanziert, aber nicht so gespannt wie in anderen norditalienischen Städten – auch wenn *terroni* (Erdefresser) eine Mailänder Wortschöpfung für Zuwanderer aus dem Süden ist. Diese konzentrierten die sich oft in den ab den 1960er-Jahren neu hochgezogenen Vierteln an der nördlichen Peripherie, den *Mega-popolari,* die bereits wenige Jahre nach der Fertigstellung eigentlich wieder abbruchreif waren. Heute verkommen diese Viertel zusehends, die Arbeitslosenquote und Kriminalitätsrate unter deren Einwohnern ist hoch. In Statistiken liegt Mailand bei Diebstähle sowie bei den registrierten Drogenabhängigen und Aidskranken auch weit vorne, was auf die sozialen Probleme der Millionenstadt hinweist.

Davon besonders betroffen sind die Migranten aus den Maghrebstaaten und Schwarzafrika. Auch sie sind in der Hoffnung auf Arbeit und Geld gekommen, doch ihnen bleiben nur Gelegenheitsjobs am unteren Ende der Lohnskala. Hinzu kommen in jüngerer Zeit Tausende von Flüchtlingen, die von Nordafrika über das Mittelmeer nach Süditalien kommen und die auf dem Weg nach Norden im Großraum Mailand stranden.

KUNST & KULTUR

Das mittelalterliche Europa hatte eine außergewöhnliche kulturelle Blütezeit vom 14. bis zum 16. Jh., als wichtige Impulse von den italienischen Stadtrepubliken ausgingen, zu denen auch Mailand gehörte.

Doch bereits lange vor dem Bewusstsein kommunaler Autonomie hatte Mailands Kunst- und Kulturgeschichte eine beachtliche Tradition. Durch seine zentrale Lage am Kreuzungspunkt mehrerer Handelswege war Mailand eine Transitstadt, in der verschiedene Kulturen der durchziehenden Völker zusammentrafen. Eine erste Blütezeit erlebte Oberitalien unter den Römern. Im Mittelalter bediente man sich der antiken Theater und Tempel gern als Steinbruch. In Mailand, dem antiken Mediolanum, sind nur Reste eines Zirkus erhalten, die Fundamente des römischen Theaters sowie der Arena, die Säulen vor der Kirche San Lorenzo Maggiore, der Mann aus Stein auf dem Corso Vittorio Emanuele sowie die Säulen auf der Piazza Sant'Ambrogio.

Ihre kulturelle Entwicklung am Ende des 4. Jhs. hat die Stadt dem in Trier geborenen hl. Ambrosius zu verdanken, der hier ein wichtiges geistiges Zentrum ins Leben rief. Da Mailand als Hauptstadt des Reiches unter Theodosius mit den verschiedensten Völkern in Berührung kam, offenbarte sich dort, insbesondere in der ambrosianischen Liturgie, ein ausgesprochen

MODESCHÖPFER VON WELTRANG

Prada, Armani, Dolce & Gabbana und Gucci – Boutiquen der Modelabels aus Mailand finden sich in jeder Edel-Shoppingmall rund um den Globus und die Stadt zählt für Fachleute neben Paris, New York und London zu den »Big Four« der internationalen Modemekkas. »Erfinder« der Mode »made in Italy« war jedoch kein Mailänder, sondern Giovanni Battista Giorgini, Spross einer Florentiner Adelsfamilie. 1951 lud Giorgini Vertreter amerikanischer Warenhäuser in sein privates Domizil nach Florenz, wo er eine Modenschau mit italienischen Kreationen organisierte. Die Amerikaner waren ohnehin in Europa, um die Präsentationen der damals allein tonangebenden französischen Edelschneider in Paris anzusehen. Giorgini wollte ihnen zeigen, dass die Italiener dem US-Markt ein viel breiteres Spektrum bieten konnten: Neben exklusiven Maßanfertigungen hielten sie auch legere Outfits für einen größeren Kundenkreis parat. Die Schau in Florenz war ein Erfolg. Die Pariser Couturiers hätten angesichts der italienischen Konkurrenz allen Grund, besorgt zu sein, war wenige Tage danach im New Yorker »Time Magazin« zu lesen.

Ende der 1950er-Jahre verlagerte sich das Zentrum der italienischen Modeindustrie nach Mailand, 1969 ging die Mailänder Modemesse an den Start. 1970 machten Kreationen von Mariuccia Mandelli Furore, die Begründerin des Labels »Krizia« brachte als Erste die legendären *hot pants* auf den Mailänder Laufsteg. Ab Mitte der 1970er-Jahre schossen Designermarken, die sich zu wahren Imperien auswachsen sollten, fast schon wie Pilze aus dem Boden: Versace, Gianfranco Ferré, Salvatore Ferragamo, Moschino, Trussardi – und natürlich Giorgio Armani. Der Modemacher, 1934 in Piacenza geboren, erlebte 1980 seinen internationalen Durchbruch, nachdem er Richard Gere für den Hollywoodstreifen »American Gigolo« in lässig elegante Hüllen gesteckt hatte. In den 1980er- und 1990er-Jahren avancierte der schnörkellose Armani-Stil international zur »Arbeitskleidung« der neuen, selbstbewussten Karrierefrauen. Kritiker bemängelten bald eine gewisse Eintönigkeit der Kreationen. Doch der Grandseigneur der italienischen Mode bleibt seinem Credo treu: »Gutes muss man kaum verändern, weil guter Stil zeitlos ist«.

»ökumenisches« Bedürfnis, das eine Kultur begünstigte, die die unterschiedlichsten Einflüsse aus Rom, dem Orient und v. a. aus Syrien aufnahm.

MEISTER DES ORNAMENTS: DIE LANGOBARDEN

Die Langobarden hatten eine Vorliebe für starke Farben und schmückten die spätantiken und frühchristlichen Basiliken mit Mosaiken und kunstvollen Ornamenten. Eine typische Ornamentform ist das flächenfüllende Flechtbandmuster. Als Hauptwerk langobardischer Baukunst gilt die Basilica di Sant'Ambrogio, die im 4. Jh. vom hl. Ambrosius gegründet wurde. Umbauten im 9. Jh. haben ihre originale Architektur aber tiefgreifend verändert. Um 1100 bewies sich die künstlerische Kraft der Lombardei ein zweites Mal – beim Wiederaufbau der zerstörten Basilika, deren erdverbundener, kraftvoller und schwer lastender Körper für die Ausformung der gesamten romanischen Architektur bedeutsam werden sollte.

DIE GOTIK UND IHRE SONDERFORMEN

Mit den Pilgern, die nach Rom und ins Heilige Land zogen, hielt die Kunst der französischen Gotik am Ende des 12. Jhs. auch in Oberitalien Einzug, doch wurden die Formen nur zaghaft zu eigener Ausprägung umgesetzt. Die Zisterzienser ließen großartige Abteien nach dem Muster von Clairvaux errichten, entwickelten aber eigentümliche Mischformen, die für die italienische Gotik charakteristisch bleiben sollten. So hält man in der Regel an den geschlossenen Mauerflächen der Romanik fest, und auch das basilikale

Zisterziensermönch in der Abtei Chiaravalle Milanese

Raumgefüge mit seinen breit lagernden Proportionen bleibt vorherrschend. Die Kirchen San Marco sowie die Abtei Chiaravalle Milanese sind typische Beispiele für den Baustil der Zisterzienser. Der gigantische Mailänder Dom, ein Bauwerk von europäischem Rang, stellt dagegen einen Sonderfall in der Kunstgeschichte dar. Wie nirgends sonst in Italien wird die französische und deutsche Gotik aufgegriffen, was zu einer ganz eigenartigen Synthese von nordalpinen Formen mit einheimischen Gestaltungselementen führt. 2245 Statuen sowie 95 Atlanten zieren das monumentale Bauwerk, das von einer Madonnenfigur, der Madonnina, bekrönt wird. Die Masse des Doms prägt das gesamte Zentrum der Stadt.

DIE LOMBARDISCHEN RENAISSANCEFÜRSTEN

Mit der Erhebung der Visconti zu Herzögen von Mailand stieg zu Beginn des 15. Jhs. auch das Bedürfnis nach Repräsentation durch Kunst und Architektur. Neben dem Großprojekt des Doms blieb jedoch vieles in der Planungsphase stecken.

Erst Francesco Sforza rief nach seiner Machtergreifung 1450 toskanische Künstler an seinen Hof, darunter den Architekten Antonio Averlino, genannt »Filarete«, der das Ospedale Maggiore mit großen Innenhöfen nach dem Vorbild Brunelleschis errichtete. Filarete wirkte außerdem als bedeutender Architekturtheoretiker, der sein utopisches Idealstadtprojekt »Sforzinda« nach seinem Brotherrn benannte.

AUF DEN SPUREN LEONARDOS

- Das »Bildnis eines Musikers«, das einzige Tafelbild Leonardos in Mailand, macht es schon allein lohnenswert, der **Pinacoteca Ambrosiana** einen Besuch abzustatten. > S. 80
- Der größte Schatz der **Biblioteca Ambrosiana** sind die Blätter mit den Erfindungen Leonardos, darunter besonders der »Codex Atlanticus«. > S. 80
- Auch in der fürstlichen Residenz des **Castello Sforzesco** war er tätig. In der Sala delle Asse bemalte er die Wände und Decken mit dem Geäst mehrerer Bäume so kunstvoll, dass man vergisst, in einem Raum zu sein. > S. 86
- Höhepunkt des Schaffens Leonardo da Vincis in Mailand ist das **Abendmahl** *(Cenacolo)*, das nach einer langjährigen Restaurierung wieder die Genialität des Künstlers zeigt. > S. 122
- Auch wenn im **Museo Nazionale della Scienza e della Tecnologia** kein Original des Genies aufbewahrt wird, ist es mit Modellen, die nach Zeichnungen des Künstlers entstanden sind, der richtige Ort, um sich die Bandbreite des Erfinders und Künstlers klarzumachen. > S. 125
- Die Schleusentore an der Conchetta am **Naviglio Pavese** funktionieren noch immer in Anlehnung an eine Erfindung Leonardos. > S. 139

Die Biblioteca Ambrosiana hat wertvolle Dokumente von Leonardo da Vinci im Fundus

Einer der größten Mäzene unter den italienischen Renaissancefürsten aber war Ludovico il Moro. Er verwandelte Mailand in eine blühende Kulturstadt und rief einige der besten Künstler an seinen Hof. Den Stil der lombardischen Renaissancearchitektur prägte vor allem Donato Bramante, ein aus Urbino stammender Baumeister, der Chor und Kuppel von Santa Maria delle Grazie schuf und die Basilica Santa Maria presso San Satiro umbaute. Ludovico il Moro hatte Großes im Sinn: Gebildet, kunstsinnig und prachtliebend wie er war, wollte er auch seine Stadt in einen Ort der Musen verwandeln. Im Jahre 1482 holte er Leonardo da Vinci an seinen Hof, der für alle künstlerischen und technischen Belange zuständig war und der auch das ausgetüftelte System der *navigli,* der Kanäle, anlegen ließ.

Leonardo schuf in Mailand Tausende von Skizzen und Notizen, die ein lebendiges Zeugnis seines Wissensdurstes und seines Genius' sind. Erfahrung war für ihn die Grundlage aller Erkenntnis, und so betätigte er sich auf den unterschiedlichsten Wissensgebieten. Sein besonderes Augenmerk galt aber stets der Kunst, die er in den Rang einer mathematischen Wissenschaft heben wollte. Für die Malerei bedeutend ist seine Technik des Sfumato (*sfumare* = verdunsten), bei der sich ein feiner Farbnebel über das Bild zu legen scheint und die klare Trennung durch harte Konturen zugunsten feiner, atmosphärischer Übergänge aufgehoben wird. Die Meisterschaft Leonardos übte großen Einfluss auf die lombardischen Künstler aus, vor allem auf Bernardino Luini, den bedeutendsten seiner Schüler und Nachfolger.

HOCHBURG DER GEGENREFORMATION

Nachdem Mailand in spanische Herrschaft übergegangen war, förderten vor allem die Kardinäle Carlo Borromeo, der im Jahr 1610 heiliggesprochen wurde, sowie dessen Vetter Federico Borromeo das kulturelle Leben der Stadt. Mailand entwickelte sich bald zu einer Hochburg der Gegenreformation. Bekannte Architekten dieser Ära sind Pellegrino Tibaldi und Francesco Maria Richini, der den Palazzo Brera sowie das Entree des Ospedale Maggiore baute. Lorenzo Binaghi errichtete um 1602 die Kirche Sant'Alessandro mit einem schön geschwungenen barocken Giebel.

Symbol für die Kultur der Stadt und bedeutendste Tat von Francesco Borromeo war die Gründung der Biblioteca Ambrosiana als öffentliche Bibliothek 1607 und die Stiftung seiner Kunstsammlung im Jahr darauf. Alles in allem aber war der mailändischen Kunst des 17. und 18. Jhs. keine überregionale Wirkung beschieden.

19. JAHRHUNDERT

Mailand entwickelte sich im 19. Jh. zu einem Zentrum der italienischen Romantik. Führender Maler war Francesco Hayez, der auch die Accademia di Brera dominierte, wo sich einer der wichtigsten »Salons« in Italien etablierte. Von großer Tragweite war der Aufschwung des Mailänder Opernhauses Teatro alla Scala, an dem so bedeutende Musiker wie Gaetano Donizetti, Gioacchino Rossini, Giuseppe Verdi und Arturo Toscanini wirkten. Sie begründeten den heute noch anhaltenden weltweiten Ruhm des Opernhauses. Die wirtschaftliche Entwicklung der Stadt führte zu zeitgemäßen Stadtplanungen mit großen Straßenachsen und Platzgestaltungen, die heute noch das Stadtbild bestimmen.

AUF DEM WEG IN DIE MODERNE

Gegen Ende des 19. Jhs. formierte sich die Avantgarde Italiens in Mailand, darunter Künstler wie Giovanni Segantini und Medardo Rosso, die später auch in Paris Erfolge feierten. Im 20. Jh. entwickelten Künstler wie Umberto Boccioni und Carlo Carrà die Stilrichtung des Futurismus, eine Avantgardebewegung, die die Kunst wieder mit dem Leben vereinen wollte. In der Malerei thematisierten die Künstler Prozesse wie Geschwindigkeit und Gleichzeitigkeit. Eine starke Begeisterung für Technik ist vielen ihrer Werke anzumerken. Auch hatten sie einen tiefgreifenden Einfluss auf Musik und Literatur.

Das Museo del Novecento am Dom zeigt Kunst und Design des 20. Jahrhunderts

DIE MODERNE

Nach dem Zweiten Weltkrieg entwickelte sich Mailand zum Schauplatz der Avantgarde. In der Malerei hatten die informelle Kunst und die abstrakte Malerei hier Zentren. Zum Beispiel zerschnitt Lucio Fontana in seinem Werk farbige Leinwände. Diesem Ruf, Spielplatz kreativer Köpfe zu sein, ist Mailand bis heute treu geblieben. Alle drei Jahre können sich Interessierte auf der von 1933 bis 1996 und seit 2016 wieder in Mailand veranstalteten Triennale über die neuen Tendenzen in der italienischen Gegenwartskunst informieren. Ein Mailänder Hotspot der internationalen Kunstszene ist die Kunsthalle PAC (Padiglione d'Arte Contemporanea) › S. 104, die Arbeiten zeitgenössischer Künstler präsentiert, einige davon haben Mailand zu ihrer Wahlheimat gemacht, z. B. Adrian Paci (geb. 1969).

MAILANDS LITERATUR

Die schönsten literarischen Stadtbeschreibungen von Mailand sind dem Schriftsteller und Journalisten Carlo Emilio Gadda zu verdanken, der als Vater der modernen italienischen Literatur gilt und zu den wichtigsten italienischen Prosaautoren des 20. Jhs. zählt. Der Autor wurde am 14. November 1883 in Mailand geboren, verließ die Stadt aber nach seinem Studium der Ingenieurswissenschaften und zog nach Florenz und später nach Rom, wo er 1973 starb. Mit seinen Texten spürt Gadda dem Rhythmus einer modernen Großstadt nach, in dem sich die einzelnen Töne nicht mehr zu einem Ganzen fügen. Bereits die Naturalisten hatten die moderne Stadt als neue Lebensform geschildert, doch Gadda löst klare Handlungsstrukturen nunmehr in Beschreibungen auf, in ein sprachlich »labyrinthisches Gewebe« (Hans Magnus Enzensberger), und gibt den Dingen Psychologie, Soziologie und Dichtung.

In seinem Essay »Mailand« erinnert sich Gadda an einen weiteren Dichter der Stadt, Alessandro Manzoni (1785–1873), der in seinem Hauptwerk »I romessi sposi« (Die Verlobten) vor dem Panorama der lombardischen Hauptstadt eine tragische Liebesgeschichte erzählt und die gesellschaftlichen Verhältnisse der Lombardei des 17. Jhs. plastisch werden lässt.

Auch in unserer Zeit hat die Stadt einige bekannte Schriftsteller hervorgebracht, darunter mit Dario Fo (1926–2016) einen Literatur-Nobelpreisträger › S. 82. Zu den bekanntesten Vertretern der zeitgenössischen Literaturszene gehört Andrea De Carlo (geb. 1952), dem 1981 mit »Treno di Panna« (Zug aus Sahne) der Durchbruch gelang. Unter der Regie des Autors wurde der Roman in den 1980er-Jahren verfilmt. Auf positive Resonanz stieß De Carlo damit bei Federico Fellini (1920–1993), der ihn als Regieassistent für seinen Film »E la nave va« anheuerte. De Carlo motivierte die Begegnung mit dem berühmten Regisseur zu seinem Dokumentarstreifen »Le facce di Fellini«, der das Verhältnis zwischen dem Großmeister des italienischen Films und seinen Schauspielern thematisiert.

DAS NEW YORK ITALIENS

Der imposante Hochauskomplex der Torre UniCredit im neuen Viertel Porta Nuova

Keine andere Stadt Italiens besitzt eine so aufregende moderne Architektur und solche Hochhäuser wie Mailand. Und der Mut, architektonisches Neuland zu betreten, hält an.

DIE ANFÄNGE

Das erste Hochhaus Italiens war mit 127 m Höhe die von Gio Ponti errichtete **Pirelli-Zentrale** › S. 118 am Hauptbahnhof. Seine elegante Grundform lässt diesen Bau auch heute noch so modern wie vor gut einem halben Jahrhundert erscheinen. Mailands zweiten frühen Wolkenkratzer sieht man am besten vom Domdach: die 1958 vollendete **Torre Valesca**. Der Bau des Architekturbüros BBPR kann allerdings wegen seines kubischen Aufsatzes ästhetisch nicht ganz überzeugen.

NEUE BAUTEN

Die interessantesten neuen architektonischen Projekte entstehen im nördlichen Stadtgebiet und an der Peripherie Mailands, wo ehemalige Industrie- und Gewerbeflächen neu bebaut werden. Internationales Aufsehen erregte der Neubau der **Fiera,** der Mailänder Messe im Stadtteil Rho (Fahrtzeit vom Zentrum rund 40 Min., Ⓜ 1, Rho). Architekt Massimiliano Fuksas schuf mit der sogenannten »Vela«, einem 1300 m langen und 23 m hohen Glasdach, ein neues Symbol für die Stadt. Fuskas war es auch, der das Ladengebäude von **Armani** (Corso di Porta Ticinese 60) mit seinen großen transparente Flächen designte, und er war federführend bei der Gestaltung des Geländes der **Expo 2015.**

Ein ganzes Stadtviertel entstand im Norden nach Plänen von Gregotti Associati auf dem ehemaligen Werksgelände von Pirelli in Bicocca. Dort hat sich die staatliche Universität angesiedelt. Höhepunkt dieses Komplexes ist das **Teatro degli Arcimboldi** mit seiner geneigten Glasfassade. Das Theater mit seinen fast 3000 Plätzen diente ab 2002 für drei Jahre als Spielstätte der Scala, die zu dieser Zeit von Mario Botta renoviert wurde (Viale dell'Innovazione 20, Straßenbahn 7 ab Cairoli bis Innovazione).

Direkt an der Piazza del Duomo wurde der **Palazzo dell'Arengario** › S. 75, ein Beispiel für die monumental faschistische Bauauffassung der 1930er-Jahre, als Museum für Kunst des 20. Jhs. eröffnet. Für diese Umwidmung schuf Italo Rota einen Pavillon, der mit seiner Form und den verglasten Flächen an ein Reagenzglas erinnert.

Architekturfans sollten sich auch den **Bosco Verticale** › S. 117 ansehen, die 2014 fertiggestellten Zwillingstürme im neuen Stadtteil Porta Nuova, nordwestlich des Zentrums. Architekt Stefano Boeri hat die Balkone und Terrassen der 27- bzw. 19-stöckigen Hochhäuser für dieses preisgekrönte Wohnprojekt mit rund 900 Bäumen bepflanzen lassen, die dem Klima innen und außen guttun. (zwischen Via G. de Castilla und Via F. Confalonieri, Ⓜ 2 und 5, Porta Garibaldi).

Auch das Ensemble der nahen, neuen **Piazza Gae Aulenti** › S. 117 ist ein Musterbeispiel moderner Architektur in Glas und Stahl.

SPEKTAKULÄRE FIRMENZENTRALEN

Einige große Firmen haben für ihre Neubauten in Mailand renommierte Architekturbüros engagiert. Zum Beispiel schuf der argentinische Architekt Cesár Pelli mit der 3-türmigen **Torre UniCredit** › S. 117 einen spektakulären Hochhaus-Komplex. Der Hauptsitz der Bankengruppe ist mit 231 m das höchste Gebäude der Stadt (Piazza Gae Aulenti 3, Ⓜ 2 und 5, Porta Garibaldi).

Aus der Feder von Stararchitekt Renzo Piano stammt das 3-flüglige, lichtdurchflutete **Verlagsgebäude** der Zeitung **Il Sole-24 ore** (Via Monte Rosa 91, Ⓜ 1, Amendola).

Und ein weiteres Highlight ist das **Hauptquartier** der Modefirma **Armani** in der Nähe der Navigli. Der Japaner Tadao Ando hat dort einen multifunktionalen Komplex mit künstlichem See und Theater geschaffen. (Via Bergognone 58, Ⓜ 2, Porta Genova).

PROJEKT CITYLIFE

Eines der interessantesten und größten Bauprojekte in Mailand ist CityLife – die 2009 begonnene Umwandlung des alten Messegeländes zu einem autofreien Stadtquartier mit einem 170 000 m² großen Park. Nach den Entwürfen der drei Stararchitekten Zaha Hadid († 2016), Arata Isozaki und Daniel Libeskind wurden hier Wohnanlagen und drei spektakuläre Wolkenkratzer-Türme gebaut, die nach ihren Schöpfern benannt sind: **Torre Hadid** (175 m), **Torre Isozaki** (209 m) und **Torre Libeskind** (173 m). › mehr S. 17 Punkt 29

FESTE & VERANSTALTUNGEN

Das ganze Jahr hindurch wird in Mailand etwas geboten. Hier kann man an 365 Tagen Konzerte, Veranstaltungen, Messen und andere Events besuchen.

Wer sich über das aktuelle Angebot in der Stadt informieren will, findet online bei **OK Arte Milano** (www.okarte.net) oder bei **Milan Daily** (www.milano24ore.de komplette Veranstaltungskalender, oder erhält direkt bzw. online bei der Touristeninfo (InfoMilano › S. 151, www.turismo.milano.it, auch deutsch) Hinweise auf aktuelle Veranstaltungen aller Sparten.

Neben den unten aufgeführten Messen gibt es in Mailand eine Reihe weiterer Fachausstellungen. Den gesamten Messekalender mit den genauen Daten findet man auf der Homepage der **Fiera Milano** (www.fieramilano.it). Für Reisende, die nicht geschäftlich unterwegs sind, ist die Internetseite ein guter Hinweis auf Zeiten, in denen freie Hotelzimmer rar sind. › mehr S. 19 Punkt 47

Die Mode hält Mailand zweimal im Jahr jeweils mit der Präsentation der neuen Kollektionen in Atem. Im Januar und Februar und dann wieder im September sind die Laufstege der Couturiers Pilgerstätten fürs internationale Fachpublikum. Wer wissen will, welches Modehaus an welchen Terminen seine neuen Entwürfe vorführt, kann dies auf der Homepage der **Camera nazionale della moda** in Erfahrung bringen (www.cameramoda.it).

VERANSTALTUNGSKALENDER

Ganzjährig: Le Voci della Città. Konzertreihe mit alter und neuer Musik in Mailänder Kirchen (www.levocidellacitta.it).

Mercatone dell'Antiquariato. Am letzten Sonntag jeden Monats ziehen sich Verkaufsstände an den Navigli entlang. Zwischen Ramsch, Kunst und Kitsch können Besucher hier flanieren und gleichzeitig alles finden, was alt, gebraucht oder gerade besonders gefragt ist.

6. Januar: Corteo dei Re Magi. Prozession am Dreikönigstag *Epifania* vom Dom zu Sant'Eustorgio.

Februar: Carnevale. Der Mailänder Karneval wird gleich den ganzen Februar über gefeiert. Höhepunkt der verrückten Zeit sind aber die Tage nach Aschermittwoch bis zum darauffolgenden Samstag, wenn anderswo die Narrenkleider schon wieder abgelegt sind.

März/April: MiArt. Bei der Messe dreht sich alles um Gegenwartskunst (www.miart.it).

April: Salone Internazionale del Mobile. Die Möbelmesse gilt als international bedeutendste und größte. Sie präsentiert die neuesten Trends des Möbeldesigns, wobei jedes Jahr andere Wohnthemen in den Fokus gerückt werden – z. B. Beleuchtung, Küche oder Bad (www.salonemilano.it).

Mostra Mercato Internazionale dell'Antiquariato. Eine der größten Antiquitätenmessen Italiens (salonemilano.it).

Juni: Festa dei Navigli. An den Mailänder Kanälen werden während der ersten 10 Tage im Juni Wasserspiele und Schwimmwettkämpfe geboten. Lombardische Spezialitäten stärken während des Festes Teilnehmer und Besucher.

Juni–Juli: Milanesiana. Bei dem Festival verwandelt sich die Stadt für 6 Wochen in einen Ort für moderne Literatur, Kino und Musik (www.lamilanesiana.eu). **Il ritmo della città.** Mitte Juni bis Mitte Juli finden im Rahmen des Festivals Jazz- und Swing-Konzerte im Botanischen Garten und an anderen Orten statt (www.area-m.it).

Juni–Aug.: Estate Sforzenca. Das Sommerfestival im Castello Sforzesco, lockt von Juni bis Mitte Aug. mit Klassik- und Jazz-Konzerten, Theater- und Tanzveranstaltungen in den Hof der Festung. (Programm unter www.milanocastello.it).

Juli: Festa Latinoamericando. Heiße Rhythmen und Kultur aus Südamerika heizen im heißen Mailänder Sommer bis Mitte Aug. zusätzlich ein (www.milanolatinfestival.it/il-festival). **Festival di Villa Arconati.** Im »Kleinen Versailles« – dem herrlichen Park einer Villa - finden an mehreren Abenden im Juli Konzerte unterschiedlicher Genres wie Rock, Gipsy, Jazz etc. statt (www.festivalarconati.com).

September: Gran Premio d'Italia della Formula 1. Wenn im nahen Monza die Formel-1-Boliden rasen, dann bleibt davon Mailand nicht unberührt. Und wenn Ferrari gewinnt, erlebt man in der Stadt eine *festa* der speziellen Art. **Milano Film Festival.** Für 10 Tage werden beim MFF Theater und Parks zu Hochburgen der Filmkunst (www.milanofilmfestival.it). **HoMi.** Die Lifetylemesse rund um Haus und Garten will nicht nur die Fachwelt inspirieren. Hier gibt es für alle 1001 Ideen für ein schöneres Zuhause (www.homimilano.com). **Milano Rocks.** Auf der Bühne des Freilichttheaters im Ex-Expogelände treten an drei Abenden hochkarätige Rockstars auf (www.livenation.it).

Oktober: Fiera Agricola d'Ottobre. In Abbitategrasso, vor den Toren von Mailand, präsentiert sich die regionale Landwirtschaft und bietet ihre Produkte feil (www.fieradiottobre.it).

November: Jazz Mi. Für Jazzfreunde ist das Festival ein Muss. Internationale Größen machen während des Events aus Mailand die Welthauptstadt der Jazz-Musik. **EICMA.** Die Internationale Motorradausstellung, eine der größten ihrer Art, zieht Biker aus ganz Europa an (www.eicma.it).

Dezember: Festa del Padrone Sant'Ambrogio. Der Schutzpatron der Stadt wird am 7. Dezember mit einem Kunsthandwerks- und Antiquitätenmarkt geehrt, auf dem man auch köstlichste Süßigkeiten, die sogenannten Ambrosiana, findet. **Saisonstart der Scala.** Auch wenn es sogenannte Previews für junge Leute gibt und in den Sommermonaten Veranstaltungen stattfinden: Die Spielzeit des weltberühmten Opernhauses beginnt offiziell und formell erst am 7. Dezember und endet etwa Mitte Juli (Spielplan unter www.teatroallascala.org).

Bei der MiArt, der internationalen Messe für moderne und zeitgenössische Kunst

Die Dachterrasse des Mailänder Doms eröffnet spektakuläre Ein- und Ausblicke

TOUREN & SEHENSWERTES

CENTRO STORICO

Piazza del Duomo mit der Reiterstatue von Vittorio Emanuele II

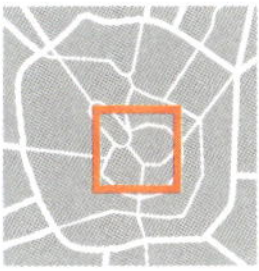

Rund um den Dom Santa Maria Nascente präsentieren in den Palazzi Museen ihre Ausstellungen, und auch zum Castello Sforzesco ist es nicht weit. Wochentags wird das Centro storico von den Mailänder Geschäftsleuten dominiert.

So bunt und vielfältig wie Mailand ist auch das Centro storico: Es gibt edle und weniger teure Geschäfte, kulturelle Highlights vom Palazzo Reale über die Basilika Santa Maria presso San Satiro bis zum mächtigen Castello Sforzesco mit seinen Sammlungen und das Grün des Parco Sempione. Im historischen Zentrum pulsiert das Herz der Stadt, hier ist immer etwas los.

Das gilt besonders für die Zeit während der Mittagspause der Büros, wenn Tausende Angestellte auf die Straßen und in die zahllosen Bars und Restaurants strömen. Inmitten des hektischen Treibens ruht der Dom wie ein »ganzes Marmorgebirge« (Goethe).

Recht entspannt geht es im Centro storico an Samstagen zu. Die Geschäfte sind offen, aber es fehlen die Massen der Mailänder Geschäftsleute, die in ihre Büros hetzen. Sonntagvormittag dagegen wirkt die Innenstadt beinahe wie ausgestorben, auch die meisten Bars und Lokale sind geschlossen.

TOUR IM CENTRO STORICO

TOUR 1

VOM DOM ZUM PARCO SEMPIONE

VERLAUF: Piazza del Duomo › Dom › Palazzo Reale › Palazzo dell'Arengario › Santa Maria presso San Satiro › Palazzo dell'Ambrosiana › Piazza dei Mercanti › Piccolo Teatro › Castello Sforzesco › Parco Sempione

KARTE: Seite 79
DAUER: ca. 3–4 Std. Gehzeit

PRAKTISCHE HINWEISE:

- Zum Dom Metrolinien Ⓜ 1 und 3; die nahe gelegene Piazza Cordusio (Ⓜ 1) ist ein wichtiger Knotenpunkt für das Straßenbahnnetz.

TOUR-START: PIAZZA DEL DUOMO 1 D5

Auf dem Platz erlebt man die *milanesità* pur – abgesehen von den Touristen. Die Lichtreklamen, die alte Pracht, das Reiterstandbild, die Fontänen, die verschiedenen Fassaden, der Triumphbogen zur Galleria Vittorio Emanuele II › S. 93 und das Marmorgebirge des Doms Santa

Maria Nascente fügen sich zu einem Panorama Mailänder Wirklichkeit. Es lohnt sich, ein paar Minuten auf den Stufen des Doms zu verweilen und das bunte Treiben auf der Piazza zu beobachten.

In der Mitte des 1862–1878 gestalteten Platzes trifft man auf König Vittorio Emanuele II hoch zu Ross. Mailand hat dem König viel zu verdanken – daher begegnet man allerorts seinem Namen. Er war es, der die Stadt 1859 von der österreichischen Fremdherrschaft befreite, wovon die Reliefs am Sockel des Reiterstandbildes erzählen.

ZWISCHENSTOPP: RESTAURANT

De Santis Milano 1 D5

Den Dom im Blick, stärkt man sich im obersten Stockwerk des Kaufhauses Rinascente bei kleinen Köstlichkeiten im Bistro. Haute Cuisine bietet das Restaurant.

- Galleria Vittorio Emanuele II
  Kaufhaus Mo–So 10–21 Uhr,
  Restaurant bis 24 Uhr

DUOMO SANTA MARIA NASCENTE 2 ★1 D5

Il Duomo ist in Mailand viel mehr als eine gotische Kathedrale. Er ist Treffpunkt, Wahrzeichen, Markenzeichen, Verkaufsschlager, ein Stück Mailänder Identität, Herzstück und die in Szene gesetzte Mitte der Stadt. Kommt man von unten aus der Metro, ist man überrascht von der Größe der Kirche, die sich vor einem auftürmt und sich in imposanten Massen ausbreitet.

Mehr als vier Jahrhunderte sollte sich der Bau des Mailänder Doms hinziehen. Gian Galeazzo Visconti hatte den Bau 1386 in Auftrag gegeben. Sein Ehrgeiz war es, ein sichtbares Zeichen seiner Macht zu setzen. Ein Dom sollte entstehen, der an Größe und Pracht nicht nur die lombardischen Kathedralen, sondern die aller italienischen Städte übertreffen sollte. Bis zur Errichtung von St. Peter in Rom war der Mailänder Dom dann auch tatsächlich die größte Kirche Europas.

Ihren Titel als höchstes Bauwerk der Stadt musste Santa Maria Nascente hingegen 1959 an das Pirelli-Hochhaus abgeben, das ihn wiederum 2012 an die Torre UniCredit › S. 63 weitereichen musste.

DIE AUSSENARCHITEKTUR

Den höchsten Punkt des Doms markiert eine 4 m hohe **Madonna,** die eine bunt zusammengewürfelte Völkerschar unter sich hat: Mit 2245 Statuen und 95 Atlanten sind Dach und Außenwände geschmückt. Zwischen all die Heiligen, die hier im Lauf der Jahrhunderte einen Platz bekommen haben, mischen sich auch weltliche Gestalten – an der Fassadenseite wurde noch während der faschistischen Zeit gewerkelt.

So schaut von der Innenwand der Fassadenbekrönung über dem südlichen Seitenschiff der unbehaarte Kopf des Dirigenten Arturo Toscanini herab. Er hatte mit Mussolini sympathisiert, sich aber später von der faschistischen Ideologie losgesagt. Allerlei faschistisches Emblemwerk sowie ein Profilkopf der Italia mit Zinnenkrone und dem

Zeichen »XVI E F«, also im 16. Jahr der *Era Fascista,* der faschistischen Epoche, befinden sich noch an einem Türsturz am Westende des Dachs. Und die drei Reliefköpfe der Partner der Lateranverträge von 1929, Papst Pius XI., Mussolini und Kardinal Gasparri, tauchen über der Treppe zur Terrasse der nördlichen Seitenschiffe auf. Zu Stein gewordene Peinlichkeiten – dem Himmel so fern!

Wandelt man auf den mit Marmortafeln gepflasterten **Dachterrassen** des Doms, zu denen an der Nordseite eine Treppe und ein Fahrstuhl führen, reicht der Ausblick bis weit in die lombardische Ebene hinein. Man spaziert hier oben gleichsam in einer himmlischen Stadt zwischen Fialen, Zinnen, Giebeln und Statuen.

DER INNENRAUM

52 Bündelpfeiler tragen schwer am Gebälk und lenken den Blick in gleichsam unermessliche Höhen, in deren Dunkel die Rippengewölbe verschwinden. Nur Vierung und Chor sind an klaren Tagen vom Licht erhellt, das ihre Bedeutung wirkungsvoll hervorhebt. › mehr S. 16 Punkt 22 Die Innenausstattung des Doms geht vor allem auf den manieristischen Künstler Pellegrino Tibaldi zurück, den Carlo Borromeo, der erste Bischof von Mailand, mit der Gestaltung der Fußbodenmosaiken sowie zahlreicher Altäre beauftragte.

Hauptwerk Pellegrino Tibaldis ist der **Hochaltar** in der Chorkapelle. Auch die **Krypta** unter dem Chor entstand 1606 nach seinen Plänen. Von dort führt eine Treppe in

Am Aufgang der Metrosation Piazza del Duomo mit Blick auf die prächtige Domfront

Das Dominnere wirkt bei Lichteinfall durch die Bleiglasfenster besonders stimmungsvoll

die achteckige Totenkammer Carlo Borromeos. Der äußerst sittenstrenge, aber volksnahe Kardinal und Erzbischof (1538–1584), dessen Name sich mit der Gegenreformation verbindet, ruht in einem Sarg aus Bergkristall, einem Geschenk Philipps IV. von Spanien. In einem angrenzenden Raum funkelt das Gold und Silber des Domschatzes, zu dem auch kostbare Elfenbein- und Edelsteinarbeiten aus dem 4. bis 17. Jh., Gobelins sowie das Prozessionsbild **Madonna dell' Idea** (Anfang 15. Jh.) gehören.

Aus der ersten Bauphase im 14. Jh. ist nur noch das Portal der Südsakristei von Hans von Fernach erhalten, das reich mit Skulpturen geschmückt ist, sowie ein Relief der »Pietà zwischen zwei Engeln«, ebenfalls von einem deutschen Meister, das links der südlichen Sakristei in der Apsis hängt.

Die Gedenktafel daneben erinnert an die Domweihe am 20. September 1572 durch Kardinal Carlo Borromeo.

Die Glasmalereien der drei Apsisfenster, die im 19. Jh. eingesetzt wurden, zeigen Szenen aus dem Alten und Neuen Testament, u. a. aus der Apokalypse.

Im nördlichen Querschiff des Doms gibt es eine weitere kunsthistorische Kostbarkeit zu sehen, den berühmten **Trivulzio-Kandelaber**. Es handelt sich dabei um einen siebenarmigen, fünf Meter hohen Bronzeleuchter aus dem 13. Jh., in dessen Ranken die Heilsgeschichte dargestellt ist.

In die Vorgeschichte des Doms führen Treppen zu beiden Seiten des Hauptportals. Bei jahrzehntelangen Ausgrabungsarbeiten wurden unter dem Domvorplatz die Reste der Vorgängerkirche Santa Tecla (5.–12. Jh.) freigelegt. Auch die Taufkirche San Giovanni alle Fonti (4. Jh.), in der der hl. Ambrosius gewirkt haben soll und die als erstes Baptisterium der Stadt gilt, ist nachweisbar.

INFO

Die Besichtigung des Doms ist tgl. 8–19 Uhr möglich. Der Eintritt kostet 3,50 €, mit dem Ticket kann man auch das Dommuseum und die kleine Kirche San Gottardo in Corte

EINE KÜNSTLERISCHE KRIEGSGESCHICHTE: DER DOM

1967 wurde die Madonna oben auf dem Dom vom Blitz getroffen – die Aufregung war groß, sah man dies doch als ein Zeichen Gottes an. Gefiel der Dom dem Schöpfer etwa nicht, nachdem er nun endlich fertiggestellt worden war? Regten sich etwa auch im Himmel Zweifel an der baukünstlerischen Qualität dieses »Haufens Marmor ohne Eleganz«, wie es einmal ein venezianischer Architekt formulierte? Man entschied sich letztlich für eine meteorologische Sicht der Dinge.

Der Dom, dessen Bau bis in das 20. Jh. hinein dauerte, prägt nach wie vor die Mailänder Stadtsilhouette. Vor allem für den Initiator Gian Galeazzo Visconti wäre diese lange Bauzeit wohl unvorstellbar gewesen. Er hatte es bereits im 14. Jh. eilig, ließ die Arbeitszeiten verdoppeln und drakonische Strafen für Trödelei verhängen. Aber das Wirrwarr aus Sprachen, Nationalitäten, Methoden, Techniken und Stilen – wie sollte es sich disziplinieren lassen, zumal bei ständig wechselnden Architekten? Als »künstlerische Kriegsgeschichte« ist dieses Domkapitel schließlich in die Annalen eingegangen. Gian Galeazzo Visconti starb 1402, und der Dom stand erst im Rohbau. Nur zögerlich fand sich ein neuer Bauherr. Erst mit Ludovico il Moro kamen einige der besten Künstler nach Mailand, die retten konnten, was zu retten war. Rückschläge gab es durch die Pest und die zu hohen Kosten. Der Marmor musste aus weiten Teilen Italiens mühsam über die Kanäle in die Stadt transportiert werden. Damit waren Tausende von Menschen beschäftigt. Dann kamen die Spanier, und die Bauarbeiten wurden eingestellt.

Erst Napoleon kümmerte sich wieder um die Fertigstellung. Schließlich wollte er nicht in einem Dom zum König von Italien gekrönt werden, dessen Fassade nicht vollendet war. Abgeschlossen waren die Arbeiten erst 1959. Doch bald gab es erneut Diskussionen um die architektonische Qualität und Stabilität. So drohte 1980 Einsturzgefahr, da die Säulen zu schwer am Schiff trugen. Durch eine technische Meisterleistung wurden die Säulen ausgetauscht und so der Dom gerettet.

besuchen. Für 9 € sind Audioguides im Duomo Info Point an der Piazza Duomo 14/a erhältlich. Der Aufstieg zum Dach ist tgl. 9–19 Uhr möglich (mit dem Aufzug 13,50 €, zu Fuß 9,50 €). Es gibt auch das Sammelticket »Duomo Pass« für Dom, Dommuseum, Domschatz und Baptisterium (12,50 € mit Domterrasse zu Fuß, 16,50 € mit Aufzug). Aktuelle Informationen findet man unter www.duomomilano.it.

PALAZZO REALE MIT DOMMUSEUM 3 D5

Im Südosten geht der monumentale Domplatz in die kleine, feierliche **Piazetta Reale** über, die ihren Namen vom Palazzo Reale ableitet, der noch immer den lehmfarbenen Anstrich aus österreichischer Zeit trägt. Im Königspalast residierte nach der Einigung Italiens Umberto I., wenn er nach Mailand kam. Er setzte damit die Tradition der Visconti fort, die sich 1310 hier ihre Residenz errichten ließen. Als der Dom gebaut wurde, musste ein Teil der Residenz wieder abgetragen werden, und die Visconti zogen in das Castello Sforzesco › S. 84 um. Der Palast verwaiste, bis ihn die spanischen Statthalter im 16. Jh. wieder bewohnten. 1770 spielte der junge Mozart in dem zugehörigen Theater. Seine heutigen, klassizistischen Bauformen erhielt der Palast 1777–1778 von den Österreichern, die ihn abermals als Residenz nutzten.

Heute dient der Palazzo als wichtigstes Ausstellungsgebäude der

Der Palazzo dell'Arengario wurde von Italo Rota neu gestaltet

Stadt. Besonders stimmungsvoll sind Präsentationen in der historischen Sala dei Cariatidi (www.palazzorealemilano.it).

MUSEO DEL DUOMO

Im linken Seitenflügel des Palazzo Reale ist in 20 Sälen das Dommuseum untergebracht. Es dokumentiert die eng mit der Stadthistorie verbundene Baugeschichte von Santa Maria Nascente mit Studien, Zeichnungen, Modellen und Plänen. Besonders imposant ist das Holzmodell des Doms.

Folgt man dem chronologisch angelegten Rundgang, so kann man anhand der unterschiedlichen Exponate – Skulpturen, Glasfenster und Ornamente – die Baugeschichte des Kirchenbauwerks vom 14. Jh. bis heute nachvollziehen. Besondere Aufmerksamkeit verdienen die Skulpturen und die Kirchenfenster, die von lombardischen, französischen, flämischen und auch deutschen Meistern geschaffen wurden (http://museo.duomomilano.it; Do bis Di 10–18, letzter Einlass 17.10 Uhr; Eintritt 3,50 €, dasselbe Ticket gilt für Dom und Dommuseum; oder Sammelticket für Domterrassen, Dommuseum, Domschatz und Baptisterium).

PALAZZO DELL'ARENGARIO 4 D5

Der Palazzo dell'Arengario rahmt als Gegenstück zum Palazzo Reale den Eingang zur Via Marconi. Der strenge Bau mit seinen Arkaden steht für die faschistische Architektur Italiens.

2010 wurde dort das **Museo del Novecento** eröffnet, das die Kunstentwicklung Italiens von 1900 bis 1980 dokumentiert. In einer einzigartigen Zusammenstellung sind Werke des Futuristen Umberto Boccioni und des metaphyschen Malers Giorgio de Chirico neben Bildern von Lucio Fontana, Amadeo Modigliani und Giorgio Morandi zu sehen. Der Architekt und Designer Italo Rota baute dafür einen gläsernen Zylinder an, der die Blockhaftigkeit der ursprünglichen Architektur bricht (www.museodelnovecento.org; Mo 14.30–19.30, Di, Mi, Fr, So 9.30–19.30, Do, Sa 9.30 bis 22.30 Uhr, 10 €, erm. 8 €).

SANTA MARIA PRESSO SAN SATIRO 5 ★ D6

Die Basilika an der lauten Via Torino, die direkt von der Piazza del Duomo abzweigt, wird leider von einer Straße in ihrem Flair eingezwängt. Dabei hätte der ungewöhnliche Frührenaissancebau etwas mehr Platz verdient, um seine Wirkung voll entfalten zu können.

San Satiro ist das erste Werk Bramantes in Mailand, das er gleich zwei Jahre nach seiner Ankunft am Hofe Ludovico Sforzas 1480 begonnen hatte. Dabei bezog er auch den Vorgängerbau, eine Kirche aus dem 9. Jh., und den Campanile aus dem 11. Jh. mit ein. Anlass für die Erweiterung von San Satiro war eine Erscheinung, die allerdings schon mehr als zwei Jahrhunderte zurücklag: 1242 soll ein Marienbild, das von einem wutentbrannten Spieler mit dem Messer angegriffen worden

MODERNE KUNST IN MAILAND

Im Palazzo dell'Arte dreht sich nicht nur zur Triennale alles um Gegenwartskunst und Design

MILANO – CAPITALE D'ARTE

Mailand ist Italiens Zentrum für Gegenwartskunst. Keine andere Stadt hat eine ähnlich lebendige Kunstszene aufzuweisen wie die lombardische Metropole. Das internationale Flair der Stadt und die Aufgeschlossenheit reicher Mäzene ließen Mailand bereits Ende des 19. Jhs. zum Nährboden für avantgardistische Kunst werden.

AVANTGARDE BIS ZUM ZWEITEN WELTKRIEG

Die erste Kunstrichtung, die von Mailand ihren Ausgang nahm, war die Malerei des **Divisionismus** mit ihrem Hauptvertreter **Giovanni Segantini** (1858–1899). Wie beim französischen Pointilismus wurden Gegenstände in einzelne Farbflecke zerlegt. Auch die italienische Spielart des Jugendstils, der **Stile Liberty**, hatte um 1900 in Mailand ihr Zentrum. Ein schönes Beispiel für diese Architektur ist die Columbus-Klinik in der Via Buonarotti 48, deren Aktdarstellungen an der Fassade damals einen Skandal auslösten.

Noch vor dem Ersten Weltkrieg kam der **Futurismus** von Paris nach Italien. Das bekannteste Kunstwerk dieser Stilrichtung ist das Motiv auf den italienischen 20-Eurocent-Münzen. **Umberto Boccioni** (1882–1916) schuf die Skulptur 1913. Sie zeigt einen Menschen in Bewegung und befindet sich heute in den städtischen Kunstsammlungen Mailands.

DIE NACHKRIEGSZEIT

Nach der Zeit des Faschismus mit seinen monumentalen Bauten (z. B. Hauptbahnhof, 1931) wandten sich Malerei und Skulptur der abstrakten und konzeptuellen Kunst zu. So läutete **Lucio Fontana** (1899–1968) den **Spazialismo** ein und öffnete farbige Leinwände durch Schnitte. Der Konzeptkünstler **Piero Manzoni** (1933–1963) liebte es, als *enfant terrible* aufzutreten. So schuf er ein Kunstwerk aus 90 Dosen, die er mit der Aufschrift »Merda d'artista« (Kot des Künstlers) versah.

Einen Überblick über die Kunst in Italien bis zur Jahrtausendwende bietet das **Museo del Novecento** das im **Palazzo dell'Arengario** › S. 75 seinen Sitz hat.

UND HEUTE?

Auch heute ist Mailand das Zentrum für Gegenwartskunst in Italien. Das liegt nicht zuletzt an der **Brera-Akademie,** an der etwa 3500 angehende Künstler studieren.

Einen Überblick über die aktuellen Strömungen in zeitgenössischer Architektur und Design gibt die **Triennale di Milano**. Die seit 1923 veranstaltete Leistungsschau – bis 1933 in Monza – ist neben der Biennale von Venedig das wichtigste Kunstevent Italiens. Nach 20-jähriger Unterbrechung wird sie seit dem Jahr 2016 wieder an etwa 20 Standorten in der Stadt veranstaltet – im Dreijahresrythmus, wie der Name sagt (2019, 2022; Infos unter www.triennale.org). Die Fondazione La Triennale hat ihren Sitz im **Palazzo dell'Arte** › S. 88, in dem sich auch das **Triennale Design Museum** befindet. Interessante Wechselausstellungen zeitgenössischer Kunst zeigt auch der **Padiglione d'Arte Contemporanea (PAC)** › S. 104 bei der Villa Reale.

Ein weiteres wichtiges Forum für zeitgenössische Kunst und Design ist die Messe **MiArt** › S. 64. (Fiera Milano City, www.miart.it).

Am spannendsten ist es aber immer noch, sich in den zahlreichen Galerien der Stadt auf die Suche nach einem gerade erst entdeckten Talent oder der angesagtesten Kunstströmung zu machen.

GALERIESZENE LAMBRATE

Unbezahlbare Mieten gerade im Brera-Viertel haben junge und mutige Galeristen gezwungen, sich nach Alternativen für ihre Räume umzusehen. Dabei haben sie die einstige Industrievorstadt Lambrate entdeckt. Dort werden in ehemaligen Gewerbe- und Handwerksbetrieben die aufregendsten und neuesten Trends der Mailänder Szene präsentiert.

Wer sich dafür interessiert, der sollte sich einen Bummel durch die Galerien um die Via Giovanni Ventura, 5 km nordöstlich vom Zentrum, nicht entgehen lassen. Eine weitere gute Adresse ist die Galleria Zero im Quartiere Mazzini, 5 km südöstlich vom Zentrum.

- **Prometeogallery di Ida Pisani**
  Via Ventura 6 | Lambrate
  www.prometeogallery.com
- **Galleria Massimo de Carlo**
  Via Ventura 5 (Hinterhaus)
  Lambrate | www.massimodecarlo.com
- **Francesca Minini**
  Via Massiminiano 25 | Lambrate
  www.francescaminini.it
- **Galleria Zero**
  Via Carlo Boncompagni 44
  Quartiere Mazzini | www.galleriazero.it

war, Blut verloren haben. Das Wunder führte zu einer kleinen Wallfahrt, sodass schließlich eine Kirche notwendig wurde, die Bramante dann entwarf.

Die Formensprache San Satiros richtet sich nach den Vorstellungen der Renaissance: Vielseitige Bewegtheit ist das Leitmotiv für den zylindrisch ummantelten Unterbau, den tiefe Halbkreisnischen rhythmisch gliedern, die beidseitig von Pilastern gerahmt sind. Vier Pultdächer leiten zum oktogonalen Tambour über, auf dem sich eine runde Laterne erhebt. In der dreischiffigen Basilika mit Querhaus nimmt nur eine Scheinperspektive die Stelle der Apsis ein, da die Straße die Bebauung nach Süden begrenzte. Kunstvolle Stuckornamentik täuscht die Tiefe der Apsis vor. Erst

ZWEI KARDINÄLE BORROMEO

Die klingenden Namen der beiden Geistlichen aus dem mächtigen Fürstengeschlecht der Borromeo begleiten einen durch ganz Mailand. **Carlo Borromeo** war von 1560 bis zu seinem Tod 1584 Kardinal und Erzbischof der lombardischen Hauptstadt und weihte den Dom. Der strenge Gottesdiener wird mit allem in Verbindung gebracht, was südlich der Alpen ein Vordringen der Reformation verhinderte. Sein entschiedenes Votum gegen die Protestanten auf dem Konzil von Trient (1545–1563) war ausschlaggebend dafür, dass es zu keiner Beilegung der Glaubensspaltung kam, in deren Folge die Gegenreformation ausgelöst wurde. Den Mailändern aber stand der Kardinal so nah, dass er zur Legende wurde.

Er war volksverbunden, half während Pest und Hungersnot, verwirklichte – wenn auch mit zweifelhaften Methoden – eine Reform in den eigenen Reihen gegen Korruption und Machtbesessenheit. Vor allem gelang es ihm, die Spanier davon zu überzeugen, auf eine Inquisition in Mailand zu verzichten. 1610 wurde Carlo Borromeo von Papst Paul V. heiliggesprochen, seither ist er den Mailändern der lebensnahe San Carlo.

Auch sein Neffe, Kardinal **Federico Borromeo**, war eine der herausragenden Persönlichkeiten in dieser an Seuchen und spanischer Misswirtschaft leidenden Zeit. Ebenso wie sein Onkel hatte er Mitleid mit dem Volk, eine damals sehr seltene Tugend. Den eindringlichsten Bericht seiner Größe hat Manzoni in seinem Roman »Die Verlobten« überliefert: »1630 wütete abermals die Pest in Mailand, und die Straßen boten einen unbeschreiblichen Anblick: ein unaufhörlicher Elendszug, ein Schauplatz beständiger Leiden (...). Es braucht wohl nicht betont zu werden, dass Federico seine Maßnahmen nicht auf diese krassesten Fälle des Elends beschränkte und auch nicht erst gewartet hatte, um etwas zu unternehmen. Seine wache und wendige Nächstenliebe musste alles mitempfinden, sich um alles bemühen, herbeieilen, wo sie nicht hatte zuvorkommen können, sozusagen so viele Formen annehmen, wie sie die Not hervorbrachte.«

Karte S. 79

auf den zweiten Blick sieht man, dass hier Architektur nur mit malerischen Mitteln gestaltet wird. Bramante war u. a. bei Piero della Francesca ausgebildet worden, dem Meister der Zentralperspektive, und hatte dort alle Verfahren illusionistischer Architekturmalerei gelernt. Durch einen Durchgang in der Ostwand des Querhauses kommt man in den Ursprungsbau, die heutige **Cappella della Pietà**. Sie hat in ihrer Einfachheit noch die bauliche Kraft der frühchristlichen Kunst bewahrt. Die Pietà schuf Agostino de' Fondutis, der auch das Baptisterium 1483 nach Entwürfen von Bramante errichtet hatte. In das

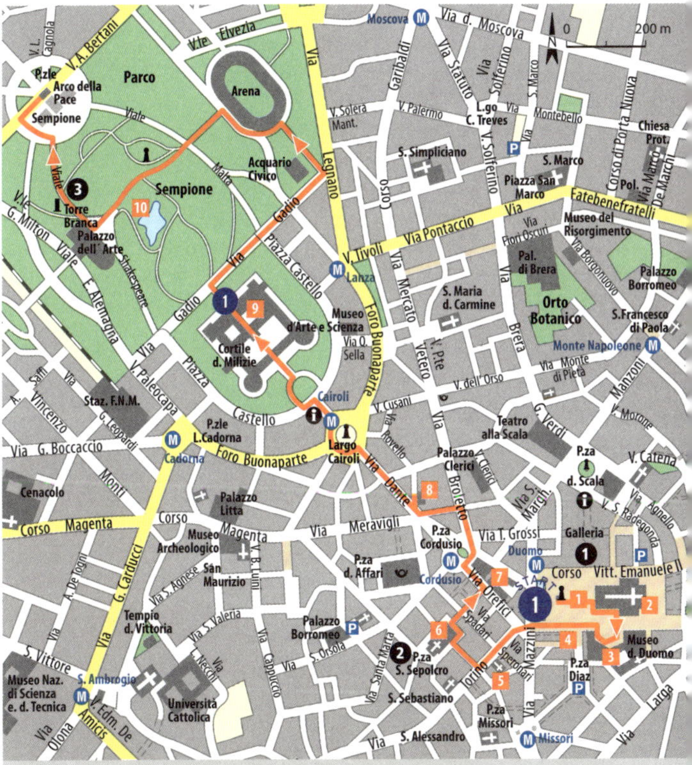

TOUR IM CENTRO STORICO

TOUR 1

VOM DOM ZUM PARCO SEMPIONE

1 Piazza del Duomo
2 Dom S. Maria Nascente
3 Palazzo Reale
4 Palazzo dell'Arengario
5 Santa Maria presso San Satiro
6 Palazzo dell'Ambrosiana
7 Piazza dei Mercanti
8 Via Dante und Piccolo Teatro
9 Castello Sforzesco
10 Parco Sempione

frühchristliche Bauschema, den Grundriss eines Oktogons mit alternierend rechteckigen und halbrunden Nischen, fügte de' Fondutis ein aufwendiges und kompliziertes Dekor ein (Di–Sa 9.30–17.30, So 14 bis 17.30 Uhr, Eintritt frei).

PALAZZO DELL'AMBROSIANA 6 D5

Eine der bedeutendsten Gemäldegalerien Mailands liegt von Santa Maria nur einen Steinwurf entfernt. Wenn man die Via Torino quert, findet man gleich rechter Hand die kleine Piazza Santa Maria Beltrade, an deren Ende man den Palazzo dell'Ambrosiana schon sieht. Der Eingang zu dem Komplex befindet sich rechts an der Piazza Pio XI.

Der mächtige Bau wurde von 1603–1609 im Auftrag des Kardinals Federico Borromeo errichtet, um dessen Bibliothek und Kunstsammlung aufzunehmen, für die im nahe gelegenen Familienpalast an der Piazza Borromeo 7 kein Platz mehr war (Piazza Pio XI. 2, www.ambrosiana.eu).

PINACOTECA AMBROSIANA ★

Dem sittenstrengen Kardinal Borromeo, der ab 1595 als wichtiger Mäzen die Kunst seiner Zeit förderte, hat Mailand die nach der Sammlung der Brera bedeutendste Kunstkollektion der Stadt zu verdanken. Das Kunstmuseum in der Pinacoteca Ambrosiana mit seinen Mosaikaufgängen und aufwendigen Marmordekors erstrahlt nach jahrelangen Restaurierungsarbeiten wieder in neuem Glanz.

Die Zahl der Säle, die man auf 24 verdoppelt hat, wird nun dem außerordentlichen Reichtum der Sammlung gerecht. Stiftungen und Schenkungen haben die Sammlung

Die Biblioteca Ambrosiana birgt immense grafische Schätze aus vergangenen Epochen

Federico Borromeos so vervollständigt, dass sie einen Überblick über die Kunst vom 12. bis zum frühen 18. Jh. gibt. Neben Werken lombardischer, flämischer und deutscher Maler umfasst die Pinacoteca Ambrosiana Bilder Botticellis, das »Porträt der Beatrice d'Este« sowie das »Bildnis eines Musikers« von Leonardo da Vinci, Entwürfe für Fresken in den Stanzen des Vatikans von Raffael, den »Früchtekorb« von Caravaggio, ein Schlüsselbild des Manierismus, sowie Gemälde von Tizian, Tiepolo und Moretto (Di bis So 10–18 Uhr).

Mehr als 700 000 Bücher und etwa 35 000 Manuskripte zählen zum Schatz der **Biblioteca Ambrosiana,** in der der »Codex Atlanticus« – eine Sammlung von Zeichnungen, Skizzen und Notizen von Leonardo da Vinci –, die gotische Bibel des Bischofs Wulfila und Fragmente der »Ilias« mit Miniaturen aus dem 5. und 6. Jh. als kostbarste Schriften aufbewahrt werden (Mo bis Fr 9–17 Uhr; Mitte Juli bis Ende Aug. geschl.). › mehr S. 16 Punkt 23

ZWISCHENSTOPP: RESTAURANT

Trattoria Milanese 2 €€ C5

Nur ein paar Gehminuten südwestlich des Palazzo dell'Ambrosiana bietet das Traditionsrestaurant typische Mailänder Küche.

- Via Santa Marta 11 | Tel. 02 86 45 19 91 So geschl.

PECK D5

Gourmets kommen gleich um die Ecke des Palazzo dell'Ambrosiana, in der **Via Spadari** und der **Via Speronari** auf ihre Kosten. Hier wird ein erlesenes kulinarisches Spektrum angeboten. Was immer sich Feinschmecker mit schöpferischer Fantasie in Küche und Keller ausgedacht haben, geht hier über die Ladentische.

Dies gilt insbesondere für den Feinkosttempel Peck in der Via Spadari 9. Auf fast 3000 m² gibt es die feinsten Delikatessen, wie z. B. exklusiven Parmaschinken, in Asche eingelegten Käse, Trüffel oder Olivenöl aus allen Landesteilen. Frische Tagliolini, Ravioli und andere Pastaspezialitäten lassen einem das Wasser im Mund zusammenlaufen. Sehnsüchtig fällt der Blick von Weinkennern auf die Spitzenjahrgänge in der Enoteca. Im Café **Piccolo Peck** im Erdgeschoss kann man den kleinen Hunger mit Hausdelikatessen stillen – vom Pâté bis Panettone (www.peck.it; Mo 15–20, Di–Sa 9–20, So geschl.).

Auf dem Weg zu Peck kommt auch der Kunstgenuss nicht zu kurz. Das schönste Gebäude aus der Zeit des Jugendstils hat der Architekt Ernesto Pirovano mit dem Stadtpalast **Casa Ferrario** in der Via Spadari 3–5 hinterlassen.

PIAZZA DEI MERCANTI 7 D5

Der Platz gehört zu den schönsten Winkeln im Stadtbild und versöhnt mit so manchen modernen Bausünden. Vor allem wenn man durch einen der Bogengänge von der hektischen Via Orefici auf die Piazza mit ihren Cafés kommt, hat man das Gefühl, in eine andere Welt einzutreten. Vor der imposanten Kulisse

mehrerer Verwaltungsgebäude des Mittelalters fällt es leicht, sich das städtische Leben zur Zeit der freien Kommune vorzustellen. > mehr S. 17
Punkt 30 Von der einst geschlossenen viereckigen Platzanlage führten sechs Tore zu den sechs *quartieri*, den Vierteln der Stadt – die Piazza dei Mercanti war der Nabel Mailands. Leider schlug man Mitte des 19. Jhs. aus verkehrstechnischen Gründen mit der Via Mercanti eine Schneise in die Piazza und zerstörte ihre einstige harmonische Stille.

PALAZZO DELLA RAGIONE

Der lang gestreckte Bau teilt den Platz in zwei Hälften. In der dreischiffigen Säulenhalle des ehemaligen Rathauses wurde Markt abgehalten, es trafen sich hier zu verschiedenen Anlässen die Ratsmitglieder zu Versammlungen, später auch die Bankiers. Der große **Ratssaal** nimmt das ganze Obergeschoss ein, das heute für Wechselausstellungen genutzt wird. Bis 1770 diente der Palast als Sitz der Stadtverwaltung. Dann ließ Kaiserin Maria Theresia hier das noch bis heute bestehende Notariatsarchiv unterbringen, das einen Aufbau erforderte. Rund 40 Mio. Akten vom 13. Jh. bis zur Gegenwart lagern hier.

Der auf dem Relief am vierten Pfeiler abgebildete Reiter erinnert an Oldrado da Tresseno, den Auftraggeber des Palazzo und »Feind

DARIO FO – NOBELPREISTRÄGER UND HOFNARR

In der Theaterszene und darüber hinaus war Dario Fo als *enfant terrible* bekannt. Der 1926 in der Nähe von Mailand geborene Autor arbeitete nach einer Ausbildung an der Brera für Rundfunk und Film, bevor er in den 1960er-Jahren mit eigenen Stücken hervortrat. In der heißen Phase der Studentenunruhen 1968 gründete er die *Nuova Scena*, mit der er das Theater wieder auf die Straße zum Volk bringen wollte. Fo war ein Autor, der Missstände der italienischen Gesellschaft durch die entwaffnende Macht des (oft bitteren) Humors den Herrschenden vor Augen führte. Der Allrounder inszenierte seine Stücke meist selbst, zusammen mit seiner 2013 verstorbenen Frau Franca Rame, und war ein begnadeter Darsteller seiner skurrilen Personen. Seinen Durchbruch hatte er mit *Mistero buffo* (Komisches Mysterium, 1969), in dem er den katholischen Glauben kritisch hinterfragte. Für sein Lebenswerk wurde er 1997 mit dem Nobelpreis für Literatur geehrt.

Dario Fo mischte sich auch im hohen Alter noch ein. So ließ er sich mit 80 Jahren bei der Mailänder Bürgermeisterwahl 2006 für das Mitte-Links-Bündnis *Unione* als Spitzenkandidat aufstellen und kam auf 20 % der Stimmen. Später schloss er sich der von dem Komiker Beppe Grillo gegründeten Protestpartei *MoVimento 5 Stelle* an. Im Frühjahr 2016 feierte der Literatur-Nobelpreisträger seinen 90. Geburtstag und vermachte der Stadt Verona sein Archiv. Am 13.10.2016 ist Dario Fo in einem Mailänder Krankenhaus gestorben.

der Ketzer«, als welchen ihn die Inschrift würdigt. Das künstlerisch sehr sensibel ausgeführte Relief stammt möglicherweise aus der Schule des Benedetto Antelami, einem der Hauptmeister der italienischen Romanik. Die Namen an den Pfeilern würdigen die im Freiheitskampf zwischen 1943 und 1945 gefallenen Soldaten.

Derzeit ist der Palast wegen Renovierung bis auf unbestimmte Zeit geschlossen.

LOGGIA DEGLI OSII UND PALAZZO DEI GIURECONSULTI

Gegenüber dem alten Rathaus liegt die elegante **Loggia degli Osii,** über deren Fassade sich abwechselnd schwarze und weiße Marmorbänder ziehen. Ein Fries mit Wappen der einzelnen Mailänder Stadtviertel und der Visconti schmückt die Bogen des Erdgeschosses. Die Loggia entstand 1316 wohl aus rein ästhetischen Gründen auf Wunsch Matteo Viscontis nach toskanischen Vorbildern – eine Funktion hatte sie jedenfalls nicht zu erfüllen.

Erst später wurden von ihrem Balkon Gerichtsurteile verkündet, die im **Palazzo dei Giureconsulti** an der nördlichen Seite des Platzes gefällt worden waren. Papst Pius IV. hatte ihn 1558 in Auftrag gegeben und ein Kollegium der Rechtsgelehrten dort eingerichtet. Vincenzo Seregni, der ausführende Baumeister, akzentuierte vor allem das Obergeschoss des Palastes, indem er die Fenster mit Büsten und Wappen aus dem Hause Medici schmückte.

Der Palazzo dei Giureconsulti aus dem 16. Jh.

PALAZZO DELLE SCUOLE PALATINE UND PALAZZO DEI NOTAI

Als Pendant zum Justizpalast fügte Carlo Buzzi 1645 den **Palazzo delle Scuole Palatine** in das Platzensemble ein. Der ursprüngliche Charakter verlor sich leider bei Umbauten im 19. Jh., allein die Fassade Buzzis blieb erhalten. Von dem **Palazzo dei Notai** aus dem 15. Jh. haben nur die spätgotischen Spitzbogenfenster mit den reizvollen Backsteinrahmen sowie die Spitzbogenloggia die Jahrhunderte überdauert.

VIA DANTE UND PICCOLO TEATRO 8 D5

Über die Piazza Cordusio kommt man auf die mit imposanten Palazzi des 19. Jhs. gesäumte **Via Dante,** eine der schönsten Straßen Mailands. Dieser Prachtboulevard wurde 1890 durch die mittelalterliche Bebauung gebrochen, um dem Repräsentationsbedürfnis der Epoche zu entsprechen. Auf halber Höhe der für den Verkehr gesperrten Straße kann man auf der einen Seite über den Dächern der Gebäude die alles überstrahlende Madonnina des Doms sehen. Als Blickfang auf der anderen Seite grüßt schon von Weitem der Uhrturm des mächtigen Castello Sforzesco.

Rechts geht die Via Rovello ab, wo im **Piccolo Teatro Grassi** > S. 45 mit den Inszenierungen Giorgio Strehlers (1921–1997) Theatergeschichte geschrieben wurde. Das von dem Maestro mitbegründete Theater in einem ehemaligen Kino setzte v. a. mit spektakulären Brecht-Inszenierungen ästhetische und politische Akzente. Mit seinen antielitären, auch revolutionären Regiekonzepten wirkte Strehler weit über die Bühne hinaus und wurde zum Leitstern vieler Theatermacher. Doch die Ehe zwischen dem 1947 gegründeten Theater und dem Maestro ging 1996 in die Brüche.

CASTELLO SFORZESCO 9 ★2 C4–C5

Ein Stück der Mailänder *grandezza* hat sich im Castello Sforzesco erhalten. Schon die Annäherung über die Via Dante gleicht einer Inszenierung. Am Ende der Straße befindet sich das große Rondell des verkehrsumtosten **Largo Cairoli,** in dessen Mitte die Reiterstatue Giuseppe Garibaldis natürlich nicht fehlen darf.

Bevor man auf die halbkreisförmige Piazza des Castello tritt, durchschreitet man noch das **Foro Bonaparte,** einen Komplex herrschaftlicher Wohnarchitektur vom Ende des 19. Jhs., das sich wie ein Hufeisen um das Castello Sforzesco legt. Hinter einer dieser Fassaden soll auch der Schriftsteller Umberto Eco (1932–2016) mit seiner immensen Bibliothek gewohnt haben. Erst hier, direkt vor der Torre dell'Orologio, dem Uhrturm, kann man die Größe der Zwingburg der Mailänder Stadtherren wirklich ermessen.

Die Visconti hatten den Ort bereits für ihre Residenz gewählt, doch ihr Schloss war nach dem Tod Filippo Maria Viscontis 1447 geplündert und zerstört worden, sodass Francesco Sforza, der neue Herzog von Mailand, 1450 eine neue Zwingburg errichten ließ. Die Sforza fühlten sich sicher hinter den dicken Backsteinmauern und führten hier ein rauschendes Leben, dessen Glanzpunkt die Hochzeit Ludovico il Moros mit Beatrice d'Este war. Welch ein Schrecken muss es da gewesen sein, als 1521 ein furchtbarer Knall in einer Gewitternacht zu hören war. Ein Blitzschlag hatte den gerade erst fertiggestellten Uhrturm getroffen und Unmengen von Schießpulver, die dort lagerten, zur Explosion gebracht. Erst im Jahr 1880 konnten sich die Mailänder zu einer Neuerrichtung des Turms entschließen.

Seine friedlichste und kunstsinnigste Zeit erlebte das Castello unter Ludovico il Moro, der die besten

Künstler der Renaissance an seinen Hof holte. Leonardo da Vinci malte mehrere Säle des Palastes aus, und Donato Bramante vollendete den Portikus der *Rocchetta* (Zitadelle). Auch fügte er eine Galerie mit Steinbrücke am Eckturm der Rocchetta an.

Der künstlerischen Blütezeit am Hofe Ludovico il Moros bereiteten die Franzosen ein Ende, die 1499 die Residenz besetzten. Ihnen folgten weitere Schlossherren: Die Spanier verwandelten das Castello in eine Bastion, in der sie sich mit 3000 Soldaten verschanzten; die Österreicher zogen sich hierher zurück, um in den berüchtigten »Fünf Tagen« die Stadt 1848 beschießen zu lassen. Vor diesem kriegerischen Hintergrund wundert es wenig, dass man das Symbol für Tyrannei und Fremdherrschaft Ende des 19. Jhs. fast abgerissen hätte.

CORTILE DELLE MILIZIE

Der Eingang in die Festung führt durch den **Uhrturm**, der von zwei mächtigen Rundtürmen an den Eckpunkten der viereckigen Maueranlage flankiert wird. Sie zieren mehrere Marmorwappen mit einer Viper, dem Familienzeichen der Visconti und Sforza.

Der Weg führt zunächst in den Cortile delle Milizie, wo die Truppen der Sforza gedrillt wurden. Der Exerzierplatz wird von der Rocchetta, der Torre di Bona di Savoia und den Gebäuden des Corte Ducale

Das imposante Castello Sforzesco hat fast 600 Jahre wechselvolle Geschichte überdauert

abgeschlossen. Die Rocchetta diente den Herzögen als letzte Zuflucht bei Gefahr, den Wohnturm ließ Bona di Savoia, Gemahlin des ermordeten Gian Galeazzo Visconti, 1477 als weitere Sicherung errichten. Die Innenräume der Residenz werden heute als Museum genutzt.

CIVICHE RACCOLTE D'ARTE APPLICATA

Das Museum für Kunstgewerbe zeigt neben Goldschmiedearbeiten und Elfenbeinschnitzereien auch Objekte der Glasbläserei aus Murano. Im Untergeschoss werden neben Leder- und Stoffarbeiten die Sammlungen des **Museums für Musikinstrumente** gezeigt – eine der bedeutendsten Sammlungen ihrer Art in Europa. Für Musikinteressierte sind die 650 Exponate, darunter viele historische Instrumente namhafter Konstrukteure, ein Glanzpunkt.

ROCCHETTA UND SCHATZKAMMER

Den Hof der **Rocchetta** säumen Arkadengänge aus dem 15. Jh., an denen unter anderem Filarete und Bramante arbeiteten. Sie sind mit Medaillons geschmückt, die die Wappen der Sforza und der Visconti tragen. Von hier aus erreicht man die **Schatzkammer,** in der die Herzöge Gold und Silber sowie ihre Edelsteine hüteten. Ein Hundertäugiger Argus von Bramante wachte auf einem Fresko über all die Kostbarkeiten. Heute sind in der Schatzkammer die **Prähistorische Sammlung** des Aräologischen Museums mit Fundstücken vom Paläolithikum bis zur Eisenzeit untergebracht sowie die **Ägyptische Sammlung,** die Sarkophage, Mumien, Stelen, Papyri, Schmuck und Gefäße präsentiert.

CORTE DUCALE ERDGESCHOSS

Die Sammlungen des Skulpturenmuseums umfassen viele Fragmente von Mosaikböden, Kapitellen und Gräbern. Daneben werden Waffen und Teppiche ausgestellt. Bedeutsam sind aber nicht allein die Exponate, sondern vor allem die prachtvolle Ausstattung der Räume.

Erster Höhepunkt ist die **Sala delle Asse** im nordöstlichen Eckturm des Schlosses, die Leonardo da Vinci 1497–1498 ausmalte. Die Malerei Leonardos entführt mit Bäumen, Wurzelwerk und einer Blätterpergola, durch die der Himmel scheint, in die Natur. In die illusionistische Laube platzierte Leonardo die Wappen des Ludovico il Moro sowie seiner Frau Beatrice d'Este. In das Blattwerk ist ein Seil zu ornamentalen Knoten verwoben, ein wiederkehrendes Motiv bei Leonardo, über dessen Deutung wenig Einigkeit besteht. Möglicherweise spielte der Maler damit an die Verknüpfung von Gedanken an.

Auch die **Saletta Negra** hatte Leonardo gestaltet, doch erhalten blieb einzig eine Tafel mit der Inschrift »Traurig wird schließlich alles, was die Sterblichen als Glück ansahen«. Die Medaillonbildnisse der Sforza malte Bernardino Luini Anfang des 16. Jhs.

Die **Cappella Ducale** errichtete 1472 Benedetto Ferrini, lombardische Künstler gestalteten sie mit

Fresken aus. Durch die **Sala delle Colombine** mit den vielen Taubenfresken sowie die **Sala Verde** mit Renaissanceportalen und einer imposanten Waffensammlung gelangt man in die berühmte **Sala degli Scarloni**, die ihren Namen von den Zickzackstreifen herleitet, die in den Farben der Sforza gehalten sind. Der Geheime Rat entschied einst in der Sala über die Geschicke der Stadt. Heute werden dort die berühmte liegende Grabfigur des Gaston de Foix von Agostino Busti, das große Grabmal des Bischofs Baragoto sowie die **Pietà Rondanini**, eine Marmorstatue, gezeigt – das letzte Werk Michelangelos, das unvollendet blieb.

CORTE DUCALE OBERGESCHOSS

Durch einen hölzernen Wehrgang und über eine alte Reittreppe gelangt man in das Obergeschoss mit Möbeln des 15.–18. Jhs. Im Saal XVII wird ein Freskenzyklus aus dem Kastell Roccabianca bei Parma gezeigt, der die Griselda-Legende nach dem Vorbild von Boccaccios »Decamerone« darstellt. Saal XX stellt Malerei der Spätgotik und der Frührenaissance aus, der folgende Raum Renaissancemalerei mit Werken von Bramantino, Foppa, Moretto, Correggio und Romanino

INFO

- Öffnungszeiten: Castello tgl. 7–19.30 Uhr, freier Eintritt.; Museen Di–So 9–17.30 Uhr Tel. 02 88 46 37 00, Eintritt 5 € www.milanocastello.it

MUSEO D'ARTE E SCIENZA C5

Östlich vom Castello zeigt das Museum für Kunst und Wissenschaft eine einzigartige Ausstellung zum Leben und Werk Leonardo da Vincis sowie Sammlungen buddhistischer und afrikanischer Kunst. Vom Gebäude führt ein Geheimgang zum Schloss (Via Q. Sella 4, Tel. 02 72 02 24 88, www.museoartescienza.com; Mo–Fr 10–18 Uhr, 5 €).

ROLLENDES RESTAURANT

Gutes Essen und gleichzeitig Sightseeing? Wer ein Abendessen in ganz besonderem Ambiente erleben will, der sollte **ATMosfera** nutzen. Die städtischen Verkehrsbetriebe haben zwei historische Straßenbahnen zu Restaurants mit edlem Ambiente umfunktioniert. Sie starten am Castello Sforzesco, fahren vorbei an Cimitero Monumentale und Scala zu den Navigli und vorbei am Dom zurück.

Während der rund zweieinhalbstündigen Fahrt durch das abendliche Mailand wird ein Spitzenmenü serviert, bei dem man zwischen Fleisch, Fisch und einer vegetarischen Zubereitung wählen kann. Um an diesem exklusiven Vergnügen teilnehmen zu können, ist eine Reservierung einige Tage im Voraus über die Internetseite erforderlich (http://atmosfera.atm.it; Mai–Sept., Abfahrt 20 und 20.30 Uhr ab Piazza Castello, 70 € pro Person).

PARCO SEMPIONE 10 B4–C4

Durch die Porta del Parco im Nordwesten der Bastion gelangt man in den Parco Sempione. 1893 wurde der Mailänder Stadtpark im Stil eines englischen Landschaftsgartens mit Blumenbeeten, Baumgruppen und kleinen Seen angelegt. Die Mailänder kommen gerne hierher. Es ist einer der wenigen Orte, wo Kinder spielen können und man den Abend mit Freunden im Grünen verbringen kann. Auch verliebte Pärchen treffen sich auf den Parkbänken. › mehr S. 13 Punkt 7

ACQUARIO CIVICO

In einem schönen Jugendstilgebäude in der Ostecke des Parks haben Meerestiere ein Zuhause gefunden. In 48 Becken tummeln sich Fische und andere Meeresbewohner. Bei seiner Eröffnung 1908 galt das Mailänder Aquarium als eines der bedeutendsten in Europa. Heute gehört die Abteilung der exotischen Fische immer noch zu den weltweit größten. In der Bibliothek werden Jahrhunderte hydrobiologischer Forschung zusammengefasst (Tel. 02 88 46 57 50, www.acquariocivicomilano.eu; Di–So 9–17.30 Uhr).

PALAZZO DELL'ARTE UND TRIENNALE DESIGN MUSEUM

Der **Palazzo dell'Arte** entstand 1933 im westlichen Teil des Parks. Heute findet u.a. hier die Mailänder Triennale statt › S. 77, eine internationale Ausstellung mit zu moderner Architektur und Design und sich insbesondere den Fragen des modernen Städtebaus sowie des zeitgenössischen Wohnens widmet. Im Obergeschoss beherbergt der Palazzo dell'Arte auch das **Triennale Design Museum,** das sich mit seiner ständigen Sammlung und wechselnden Ausstellungen als Dokumentationsstätte für zeitgenössische angewandte Kunst sieht (Via Alemania 6, www.triennale.it; Di–So 10.30–20.30 Uhr, 9 €). › mehr S. 17 Punkt 27

Im **Triennale Design Café** kann man Design hautnah erleben. Welcher Stil passt am besten zu einem Campari, welcher zum Espresso? Diese Entscheidung können Sie mithilfe von 50 verschiedenen Designerstühlen treffen, die zum Verweilen einladen.

TORRE BRANCA

In der Nähe des Palazzo dell'Arte steht die 109 Meter hohe Torre Branca. Der stählerne Turm wurde zur Triennale 1933 errichtet, benannt ist er seit seiner Restaurierung in den 1990ern nach dem Mäzen, der bekannten Spirituosenfabrik. Von seiner Aussichtsplattform hat man einen tollen Blick auf Mailand, an klaren Tagen wirken sogar die Alpen zum Greifen nah. Auch der Blick abends auf das Lichtermeer der Großstadt gehört zu den Highlights eines Mailandaufenthalts (bei schlechtem Wetter geschl., Mitte Mai–Mitte Sept. Di 15–19, 10.30 bis 12.30, 15–19, Do/Fr 15–19, 20.30 bis 24, Sa/So 10.30–19.30, Sa auch 20.30–24, Mitte Sept–Mai nur Mi 10.30–12.30, Sa 10.30–13.00, 15 bis 18.30 u. 20.30–24, So 10.30–19.30 Uhr). › mehr S. 16 Punkt 21

ZWISCHENSTOPP: RESTAURANT

Am Fuß der Torre Branca hat der Stylist Roberto Cavalli das **Just Cavalli** ❸ €€€ C4 › S. 34 eröffnet, dessen gläserne Wände und Dach den Eindruck vermitteln, unter freiem Himmel zu sitzen. Auch bei strömendem Regen ein wunderbares Essen im Klub-Restaurant zu genießen ist ein Erlebnis, das die Rechnung am Ende besser verschmerzen lässt (www.justcavallimilano.com; Restaurant tgl. 19.30–23 Uhr).

ARCO DELLA PACE

Am Ende des Parks, am verkehrsumtosten **Piazzale Sempione,** wollte sich Napoleon verewigen und den Triumphen der Grande Armée ein Denkmal setzen. Doch die Geschichte verlief anders: Der Triumphbogen, den bezeichnenderweise kein Friedensengel, sondern Victoria, die Göttin des Sieges, krönt, war noch lange nicht fertiggestellt, als Napoleon eine militärische Niederlage nach der anderen hinnehmen musste.

Die Bauarbeiten wurden von Kaiser Franz I. fortgesetzt. Er ließ den Friedensbogen zum Gedenken an den Wiener Kongress 1815 errichten, worauf sich die Reliefs an den beiden Fassaden beziehen. Seit 1859 erinnert der Arco della Pace schließlich an den Einmarsch der piemontesisch-französischen Truppen unter Vittorio Emanuele II und Napoleon III.

Ein Fahrstuhl im Triumphbogen fährt bis zur obersten Terrasse. Von dort genießt man einen schönen Blick auf die Stadt. Es offenbaren sich jedoch auch Verschandelungen als Resultat der Baupolitik nach dem Zweiten Weltkrieg.

Ein Tipp für Fotografen: Von dem See im Park hat man einen Postkartenblick auf den Arco della Pace.

Der Triumpbogen Arco della Pace am Ende des Corso Sempione

MAILAND SETZT MASSSTÄBE

Die Messe Salone Internazionale del Mobile präsentiert hochkarätiges Design aus aller Welt

»Made in Italy« steht seit Jahrzehnten für Produkt-Persönlichkeiten. Design oder Nichtsein, das ist die Frage – eine Mailänder Frage, denn vieles, was in Sachen Türklinke, Zuckerdose oder Zahnstocher mit skulpturaler Aura in den Alltagsgebrauch kommt, wurde in Milano entworfen. Hier herrscht gewissermaßen ein Dauerflirt zwischen funktionaler Gestaltung und hoher Kunst. Was aus dem Ideenfundus von Achille Castiglioni, Matteo Thun, Ettore Sottsass, Aldo Rossi, Gae Aulenti und Mario Bellini stammt, setzt weltweit Maßstäbe für den guten Geschmack. Eine Kaffeemaschine ist eine Kaffeemaschine? Von wegen! Nach dem Lifting durch Aldo Rossi hat man es längst nicht mehr mit der Banalität des Gegenständlichen zu tun.

ETTORE SOTTSASS – ALTMEISTER DES DESIGNS

Design solle vom Leben erzählen, Erinnerungen wecken und den Spieltrieb anregen, formulierte der Designer Ettore Sottsass (1917 bis 2007) einmal sein gestalterisches Credo, das dem europäischen Design in den 1960er-Jahren den Weg wies. Sottsass war einer der führenden Köpfe der 1976 gegründeten

Designbewegung »Alchimia«. Sie stellte der kalten Funktionalität moderner Massenproduktion eine neue emotionale Beziehung zwischen Benutzer und Objekt entgegen. Heraus kommt eine expressive, ironisch-witzige Akzentuierung der Gebrauchsgegenstände.

An diese Richtung knüpfte auch die 1981 unter Sottsass' Führung gegründete Gruppe »Memphis« an, deren Design auf eine sinnliche Wechselwirkung zwischen Objekt und Mensch abzielte.

ITALIENISCHES DESIGN EROBERT DIE WELT

Der allgemeine Durchbruch des Mailänder Designs kam dann in den 1980er-Jahren. Aus einer Bewegung, die sich nur an eine betuchte und interessierte Oberschicht wandte, wurde ein Massenphänomen. Firmen wie beispielsweise Alessi wurden allgemein bekannt, Kopien von Designobjekten eroberten die Wohnungen aller Trendbewussten. Der ehemals unbekannte, im Hintergrund wirkende Entwerfer von Gebrauchsgegenständen wurde zum gefeierten Star, der mehr im Vordergrund stand als der Hersteller.

EIN MUSEUM FÜR DESIGN

Design früherer Epochen und zeitgenössisches in Wechselausstellungen hat seit 2007 einen würdigen Platz im **Triennale Design Museum** › S. 88 im Parco Sempione. Es ist ein Muss für jeden, der sich für angewandte Kunst und schöne Dinge begeistern kann.

WOHNEN MADE IN ITALY

Die weltgrößte internationale Möbelmesse, der **Salone Internazionale del Mobile** in Mailand, setzt Maßstäbe (www.salonemilano.it). Und seit Jahren ist die Apenninhalbinsel die »Numero Uno« des Möbelexports. Italian Style – das ist Eleganz, Raffinesse und Modernität. Und darüber scheint es in der ganzen Welt einen Konsens zu geben. Die Flaggschiffe des Italo-Designs liegen dabei in Mailand vor Anker, darunter etwa Artemide, Driade, Natuzzi, Flos, Molteni oder Cappellini.

TRENDS UND SCHNÄPPCHEN

Die neuesten Designertrends sind bei **10 Corso Como** › S. 39 zu finden. Den letzten Schrei fürs Wohnen zeigt die **Design Republic** › S. 39.

Objekt des Swarovski Crystal Palace auf der Messe Salone Internazionale del Mobile

QUADRILATERO D'ORO

Louis Vuitton auf der exklusiven
Shoppingmeile Via Monte Napoleone

Das Modeviertel mit seinen Luxusläden erstreckt sich von der Via Monte Napoleone bis zur Galleria Vittorio Emanuele II. Hier findet man aber nicht nur die neuen Trends der »alta moda italiana«, sondern auch prachtvolle Bauten aus dem 19./20. Jahrhundert.

Luxus pur! So kann man das sogenannte *Quadrilatero d'oro,* das Goldene Viereck, am besten umschreiben. Alles was Rang und Namen in der Welt der Mode und Luxusgüter hat, ist hier mit mindestens einem Laden vertreten. Dass die Branche boomt, sieht man daran, dass die ursprüngliche Modegegend zwischen Via della Spiga und Via Monte Napoleone sich immer weiter zum Centro storico hin ausgedehnt hat und inzwischen bis zur Galleria Vittorio Emanuele II und zur Scala reicht. Mitten in der Mode(schein)welt stehen das Civico Museo di Milano und das Museo Poldi Pezzoli, Mailands wohl schönstes Museum.

TOUR IM QUADRILATERO D'ORO

TOUR 2

IM GOLDENEN VIERECK

VERLAUF: Galleria Vittorio Emanuele II › Scala › Via Manzoni › Via Monte Napoleone › Giardini Pubblici

KARTE: Seite 97
DAUER: 4–5 Std. Gehzeit
PRAKTISCHE HINWEISE:

- Zum Ausgangspunkt kommen Sie mit den Metrolinien Ⓜ 3 und 1, Station Duomo.
- Wenn Sie shoppen wollen: Vormittags unter der Woche ist wenig los. Freitag nachmittags und Samstag kann es voll werden, aber auch die Passanten zu beobachten ist ein Erlebnis. Ohne Menschen erleben Sie das Viertel am Sonntagvormittag. Bars und Restaurants sind dann aber geschlossen.

TOUR-START:
GALLERIA VITTORIO EMANUELE II 1 ★3 D5

Wie ein bombastischer Triumphbogen öffnet sich die Galleria Vittorio Emanuele II zur Piazza del Duomo hin. Das Passagenwerk animiert seit Jahrzehnten zum rituellen Abend- und Sonntagsbummel, zu dem sich anscheinend die ganze Welt einfindet: Der elegante Geschäftsmann durcheilt die ehrwürdigen Konsumhallen, während die Tramper mit Rucksäcken erst einmal auf dem kühlen Mosaikboden ein Sit-in abhalten. Japaner fotografieren die

Architektur und die Geschäftsauslagen, fliegende Händler v. a. aus Afrika verkaufen Schirme und Selfie-Sticks. Und wer Zeit hat und etwas auf sich hält, der diniert bei Savini oder im Camparino. Selbst die Polizeigarden promenieren hier stattlich in edlen, dunkelblauen Uniformen mit glänzendem Säbel und erinnern eher an Statisten aus der nahen Scala als an Carabinieri. Die Galleria ist eben nicht nur Mailands Laufsteg, sondern auch der *salotto,* die gute Stube. Und das schon seit ihrer Einweihung: Am 7. März 1865 war die Grundsteinlegung, zwei Jahre später konnte die Galleria bereits durch Vittorio Emanuele II, dem König von Sardinien-Piemont, eingeweiht werden.

Die Passage ist beeindruckend: Zwei Arme bilden die Form eines Kreuzes, der eine ist 196, der andere 105 m lang. Nach oben wird der Raum durch ein gläsernes Gewölbe auf Eisenträgern abgeschlossen. Die Kuppel über dem Kreuzungsoktogon ist 47 m hoch. Die Galleria teilte mit den Mailändern die traurigsten Ereignisse, darunter die Bombardierung 1943, und die glücklichsten Stunden.

Und wie fast alle bedeutenden Bauwerke der Stadt ist auch die Galleria mit ihrem harmonischen Nebeneinander von Kunst und Kommerz ein typisches Produkt der *milanesità.* Mailänder Eitelkeit entspricht wohl auch der Brauch, dem Stier im Fußbodenmosaik unter der zentralen Glaskuppel auf das Glied zu treten, in der Hoffnung, die Potenz steigere sich dadurch.

CAMPARINO IN GALLERIA

Wie wäre es mit einem Campari bei Camparino? Die weltberühmte Bar eröffnete 1867 der Likörmacher Gaspare Campari, der den gleichnamigen Drink erfand. Aus der kleinen Brennerei im Keller wurde, als der Campari seinen Erfolgszug um die Welt antrat, ein riesiger Industriebetrieb. Auch heute trifft man sich in der Bar mit den Jugendstilmosaiken auf einen roten Aperitif oder auf eine *zucca,* einen schwarzbraunen Rhabarberlikör, zu dem man Salzgebäck und Oliven nascht – die Mailänder tun das gern spätnachmittags (Di–So 7.15–20.30 Uhr). › mehr S. 28 und S. 15 Punkt 19

AN DER PIAZZA DELLA SCALA D5

Geht man die Galleria hindurch, so erblickt man schon von Weitem Leonardo da Vinci, der gedankenversonnen und umgeben von seinen Schülern inmitten der Piazza della Scala thront, des Platzes der Musen. Zwei Palazzi (Palazzo Marino und die Mailänder Scala) bilden den eigentlichen Platz.

TEATRO ALLA SCALA 2 4 D5

Man hätte sich – gemessen an der Bedeutung der Scala – sicher einen größeren und prachtvolleren Bau vorstellen können: Im Vergleich zu anderen Opernhäusern nimmt sich der Palazzo geradezu schlicht aus. Doch wenn man der Scala ihre kulturelle Bedeutung auch nicht unbedingt von außen ansehen kann, so verbinden sich mit ihr doch solch klingende Namen wie Rossini, Bel-

So lässt sich Oper genießen – original erhaltene Loge in der Scala

lini, Verdi, Donizetti, Puccini sowie Dario Fo und Giorgio Strehler.

Ein verheerender Brand hatte 1776 das alte Mailänder Theater im Palazzo Reale völlig zerstört. Ein Wiederaufbau am gleichen Platz war unmöglich. So ließ die kunstsinnige Kaiserin Maria Theresia die Kirche Santa Maria alla Scala abreißen, um auf dem Gelände das neue Theater entstehen zu lassen. Den Auftrag für den Neubau erhielt der klassizistische Architekt Giuseppe Piermarini (1734–1808), der die Fassade mit einem mächtigen Mittelrisaliten – einem vorspringenden Gebäudeteil – akzentuierte, dessen Gliederung im Hauptgeschoss Pilaster und Halbsäulen übernehmen.

Der Giebel ist mit einem Relief geschmückt, das den Musengott Apollo mit seinem Sonnenwagen zeigt. In nur 15 Monaten waren die Bauarbeiten abgeschlossen, schon im August 1778 konnte die Premiere mit der Oper »L'Europa riconosciuta« des Wiener Hofkapellmeisters Antonio Salieri gefeiert werden.

Abgesehen von einer kurzen Periode während der italienischen Einigungsbewegung des Risorgimento, in der von der Bühne der Scala auch revolutionäre Impulse ausgingen, sowie während der Unruhen von 1968, als der Intendant Paolo Grassi die Türen auch für Arbeiter und Studenten öffnete, ist die Scala bis heute eine viel gerühmte und viel gerügte Bühne für eine wohl eher unzeitgemäße Selbstdarstellung des Publikums. Gleich nach dem Zweiten Weltkrieg, während-

Karte S. 97

dessen die Scala stark beschädigt worden war, entwickelten sich die Aufführungen zu einem Defilée der neuesten Moden, wie sich die Schriftstellerin Camilla Cederna erinnert: »Eine Bank in der Kirche, eine Loge in der Scala, ein Grab auf dem Monumentale. Seit mindestens 100 Jahren sind das stets die Prestigesymbole der Mailänder Familien, der adeligen wie der großbürgerlichen, gewesen. Drei Mythen, von denen die Scala, roter Samt, alte Spiegel und alte vergoldete Verzierungen in den schönsten Logen, gewiss der begehrteste war. Großartige Unterhaltung hatte hier Tradition …«

Wer das von 2002 bis 2004 von dem Schweizer Architekten Mario Botta restaurierte Haus außerhalb einer Vorführung (Karten › S. 46) besuchen möchte, kann die Termine unter www.teatroallascala.org in Erfahrung bringen.

MUSEO TEATRALE ALLA SCALA

Opernfreunde, die keine Karte für den Musentempel bekommen, können sich in dem Theatermuseum ein wenig trösten, denn von hier kann man zumindest einen Blick in das pompöse Innere des Theaters werfen. Das 1913 eingeweihte Museum dokumentiert die Geschichte der Oper von der Antike bis zur Gegenwart und die wechselvolle Historie der Scala. Neben Theaterplakaten, historischen Instrumenten, Gemälden, Masken, Büsten, Bühnenentwürfen und Kostümen zeigt das Museum auch Erinnerungsstücke an hier tätige Künstler. Rossini und Verdi ist jeweils ein eigener Raum gewidmet (Largo Ghiringhelli 1, Tel. 02 88 79 74 73; tgl. 9–17.30 Uhr, Eintritt 9 €, Virtual-Reality-Brille zusätzlich 3 €). › mehr S. 18 Punkt 37

ZWISCHENSTOPP: RESTAURANT

Trussardi alla Scala 1 €€€ D5
Gegenüber der Scala dient ein Palazzo dem Modelabel Trussardi als Hauptsitz. Neben einem Café im 1. Stock über dem Laden gibt es einen Feinschmeckertempel, der hauptsächlich mediterrane Küche auf Fischbasis anbietet und einen tollen Blick auf das Opernhaus gewährt.

- Piazza della Scala 5 | Tel. 02 80 68 82 01
  Mo–Fr 12.30 bis 14.30, 20–22.30 Uhr, Sa nur abends

PALAZZO MARINO 3 D5

Die südöstliche Seite des Platzes bildet der Palazzo, den der Bankier Tommaso Marino 1558 in Auftrag gegeben hatte. Erst 1889 hatte Luca Beltrami den von Galeazzo Alessi begonnenen Bau vollendet. Die Anlage umschließt zwei Innenhöfe und richtet sich in ihrer Formensprache nach dem Vorbild des römischen Manierismus, in dem sich die Einheitlichkeit, die Ausgeglichenheit und die wohltuende Rhythmik der klassischen Baukunst auflösen. Ein Gefühl der Beunruhigung geht von der Kontrastwirkung der Fassade aus, das sich auf den Besucher überträgt. Im Innern des Hauses befanden sich kunstvoll gestaltete Räume, von denen noch die **Sala dell'Alessi** zu besichtigen ist. Viele andere Räume wurden im Bombenhagel 1943 zerstört.

TOUR IM QUADRILATERO D'ORO

TOUR 2

IM GOLDENEN VIERECK

1 Galleria Vittorio Emanuele II
2 Teatro alla Scala
3 Palazzo Marino
4 Casa di A. Manzoni
5 Museo Poldi Pezzoli
6 Via Monte Napoleone
7 Museo Bagatti Valsecchi
8 Civico Museo
9 Villa Reale
10 Giardini Pubblici
11 Museo Civico di Storia Naturale
12 Palazzo Dugnani

Kunstvolle Terrakotta-Friese aus dem 19. Jh. zieren den Eingang der Casa Manzoni

SAN FEDELE D5

Hinter dem Palast steht die Jesuitenkirche San Fedele, die Pellegrino Tibaldi 1569–1579 errichtete. Auch wenn die zurückhaltende Fassade nicht viel verspricht: Es lohnt sich, einen Blick in den Innenraum zu werfen! Denn die Sakristei mit ihren kunstvoll geschnitzten Schränken gilt als die schönste Mailands.

An der Apsis der Kirche nimmt die Via Omenoni ihren Ausgang, benannt nach den acht traurig blickenden Atlanten, die die Fassade der **Casa degli Omenoni** schmücken und die das Volk als *omenoni* (große Leute) bezeichnete. Der bedeutende Bildhauer Leone Leoni hatte den Stadtpalast 1573 selbst entworfen und dabei seinen Kunstsinn wirkungsvoll in Szene gesetzt.

PALAZZO BELGIOIOSO D5

Geht man auf der kleinen Straße, die zur Kirche San Fedele führt, weiter, so gelangt man zur Piazza Belgioioso. Mit seinen gewaltigen Ausmaßen von 25 Achsen schiebt sich der neoklassizitische Palazzo Belgioioso hier in den Vordergrund. Der Baumeister der Scala, Giuseppe Piermarini, hatte ihn 1772–1781 für den Mailänder Staatsrat Alberico Belgioioso d'Este erbaut. Belgioioso war in den Fürstenstand erhoben worden und brauchte nun einen neuen, repräsentativen Palast in der Stadt. Doch meinten viele, dass er mit seinem residenzähnlichen Bau etwas übertrieben habe, zumal auch noch im Innern alle Räume kostbar mit Fresken ausgestattet worden waren.

ZWISCHENSTOPP: RESTAURANT

Im Palazzo Belgioioso befindet sich Mailands ältestes Restaurant, das **Ristorante Boeucc** 2 D5. Es besteht, wenn auch nicht an gleicher Stelle, seit 1696 und hat sich seit jeher der lombardischen Küche verschrieben. Besonders beliebt ist das Boeucc bei den Musikern der nahen Scala.

- Tel. 02 76 02 02 24 | www.boeucc.it Mo–Fr 12.30–14.30 u. 19.30–22.30 Uhr

CASA DI ALESSANDRO MANZONI 4 D5

Das schräg gegenüberliegende Manzoni-Haus wirkt im Vergleich zum protzigen Palazzo Belgioioso geradezu bescheiden mit seiner verhaltenen Eleganz. Manzoni, der als bedeutendster italienischer Romancier seiner Zeit gilt › **unten**, lebte von 1814 bis zu seinem Tod 1873 hier in der Via Morone 1.

Heute ist im Wohnhaus ein Museum untergebracht, das sein Leben und Werk dokumentiert. Im ersten Stock kann man sich in die Veröffentlichungen des Centro Nazionale di Studi Manzoniani vertiefen. Dort befindet sich auch das – seitdem unveränderte – Sterbezimmer Manzonis (Tel. 02 86 46 04 03, www.casadelmanzoni.it; Di–Fr 10–18, Sa 14 bis 18 Uhr, 5 €, erm. 3 €).

MUSEO POLDI PEZZOLI 5 5 D5

Durch die kleine, gewundene Via Morone gelangt man in die elegante Via Manzoni. Im Haus Nr. 12 befindet sich das schönste Museum Mailands, das dem Edelmann Gian Giacomo Poldi Pezzoli zu verdanken ist. In seinem Stadtpalais hatte er ein Privatmuseum mit Meisterwerken der italienischen Kunst aus

ALESSANDRO MANZONI – EIN NATIONALHELD DER LITERATUR

Als »Trost für die Menschheit« bezeichnete Giuseppe Verdi den berühmten Roman des berühmten Mailänder Dichters und Schriftstellers Alessandro Manzoni (1785–1873) *I promessi sposi* (Die Verlobten), in dem das 17. Jh. mit seinen politischen Ereignissen und gesellschaftlichen Strukturen wieder lebendig wird: Eine Kette von Intrigen, Schicksalsschlägen und Gewalt durchkreuzt die Hochzeitspläne von Lucia und Renzo, die am Ende des Werkes aber dennoch zusammenfinden.

Nirgendwo ist das Italien des Seicento (des 17. Jhs.) und das Mailand in der Ära von Kardinal Federico Borromeo besser beschrieben als in Manzonis Roman. Damit schuf der Dichter nicht nur ein Stück Weltliteratur, sondern begründete auch die moderne italienische Schriftsprache ebenso wie die italienische Prosa. Über zwei Jahrzehnte arbeitete Manzoni an der Geschichte der Verlobten, die den Weg vom literarischen Klassizismus zur Romantik ebnete. Der Graf, der seine Liebe zur Literatur in den Pariser Salons des beginnenden 19. Jhs. entdeckte, wurde jedoch nicht allein als Begründer der italienischen Romantik gefeiert, sondern auch als Schöpfer des historischen Romans.

der Zeit von 1400–1700 eingerichtet, das er nach seinem Tod 1879 den Mailändern vermachte.

Kostbare Privatsammlungen wie die der Poldi Pezzoli waren im Mailand des 19. Jhs. keine Seltenheit. Für Adelige und reiche Familien war es eine Selbstverständlichkeit, Kunst und kostbares Handwerk zu sammeln. Es ist daher besonders aufschlussreich, im Palast der Poldi Pezzoli einen Blick auf die Wohnkultur des 19. Jhs. zu werfen.

Im Erdgeschoss gilt es neben einer **Waffenkammer** mit Prunkstücken und Speeren den **Freskensaal** und den **Saal der Archäologie** zu besichtigen.

Auftakt zu den Kunstreichtümern im ersten Stock ist ein wunderschönes **oktogonales Treppenhaus,** in dem ein barocker Brunnen romantisch vor sich hin plätschert. Jeder Raum im Palast der Poldi Pezzoli wurde in einem anderen historisierenden Stil dekoriert und möbliert – ein Kunstpalast, in dem Raum und Exponate eine vollendete Harmonie eingehen.

Besonders umfangreich ist die Kollektion der **lombardischen Malerei** mit Werken von Andrea Sola rio, Vincenzo Foppa, Bernardino Luini und Giovanni Antonio Boltraffio. Höhepunkte der Sammlung Poldi Pezzoli sind Bilder von Lucas Cranach d. Ä., Werke von Botticelli, Giovanni Bellini, Andrea Mantegna, Piero della Francesca und Francesco Guardi sowie die bezaubernde »Junge Dame« von Piero del Pollaiolo› mehr S. 16 Punkt 25

Bedeutend ist auch die Uhrensammlung mit Exponaten aus dem 16.–19. Jh. Wer hätte zum Beispiel gedacht, dass einer Mailänder Dame die Stunde auch mal aus einem goldenen holländischen Holzschuh schlagen könnte? Neben Goldschmiedearbeiten, Meissner Porzellan und kostbaren Kompassen belegen auch filigrane Muranogläser den luxuriösen Lebensstil, der im Hause Poldi Pezzoli herrschte (Tel. 02 79 63 34, www.museopoldipezzoli.it; Mi–Mo 10–18 Uhr, 10 €).

BEIM BARBIERE

In Deutschland ist der Luxus, sich fachmännisch rasieren zu lassen, fast ganz in Vergessenheit geraten. Anders in Italien: Hier trifft man sich beim Friseur, um ein Schwätzchen zu halten in der entspannten Atmosphäre einer reinen Männergesellschaft. In der **Antica Barbieria Colla** kann man sich noch heute stilvoll rasieren lassen. Das Ambiente dort entspricht eher dem eines britischen Gentlemen's Club als dem eines Friseurs.

- Via Morone 3
  www.anticabarbieriacolla.it
  Di–Sa 8.30–12.30, 14.30–19 Uhr

SHOPPING

Patrizia Pepe D4–D5

In der Via Manzoni haben sich etliche Modeboutiquen angesiedelt. Pfiffige Damenmode aus hochwertigen Materialien und zu annehmbaren Preisen macht

Madonnenbild (Ausschnitt) von Sandro Botticelli im Museo Poldi Pezzoli

Patrizia Pepe, auch dieses Label hat in dieser schicken Shoppingmeile, neben Strenesse u. a., ein Geschäft.

- Via Manzoni 38

VIA MONTE NAPOLEONE 6 6 D5–E5

Folgt man der Via Manzoni in Richtung Piazza Cavour, stößt man etwa auf halber Höhe auf die Via Monte Napoleone, die Hauptstraße des Quadrilatero d'oro. Hier begegnet man allen namhaften Modemachern: von Ferré, Coveri, Ungaro, Krizia, Mila Schön, Lorenzi und Beltrami über Trussardi bis zu Versace und Armani. Zu einem Schaufensterbummel laden die *borghi,* die kleinen Gassen Mailands, allemal ein, haben sich die Modedependancen doch längst in wahre Luxustempel verwandelt, die mit dem jeweiligen Nachbarn an Prunk und Pracht wetteifern. Auch das Publikum entspricht der Umgebung: Nirgends kann man so viele Nobelkarossen sehen wie hier, nirgends sind so hinreißend schöne und gut gekleidete Frauen beim Shopping zu beobachten. Und wer Glück hat, der entdeckt sogar einen Star, der sich hier gerade neu einkleidet.

In den 1970er-Jahren entdeckten die Designer der boomenden Modeindustrie die »Montenapo«, wie sie von den Einheimischen genannt wird, als idealen Ort für ihre Luxusboutiquen. Das Flair der Straße mit ihren klassizistischen Palästen zog immer mehr Modedesigner an, die sich in der Folge auch in der Via Sant'Andrea und der Via Spiga niederließen. Der immer größere Bedarf an Ladenflächen und die damit steigenden Mieten ließen aus dem ehemals großbürgerlichen Wohnviertel ein Mode- und Luxusghetto werden; viele alteingesessene Geschäfte verschwanden.

Und wie die Mode sich immer wieder neu erfinden muss, so herrscht auch in diesem Viertel ein reger Wechsel. Einerseits öffnen und schließen kleinere Boutiquen in den Nebenstraßen in atemberaubendem Tempo, andererseits gestalten die arrivierten Modehäuser ihre Dependancen regelmäßig nach den neuesten Trends um.

Wer in der Straße allerdings einen *monte,* also einen Berg oder auch nur eine Erhebung erwartet, der sieht sich getäuscht. Der Straßenname rührt von dem hier ansässigen öffentlichen Leihhaus, dem Monte di Pietà her. Während der französischen Besetzung wurde dann die Straße kurz vor 1800 zu Ehren des späteren Königs von Italien in Monte Napoleone umbenannt.

ZWISCHENSTOPP: CAFÉ

Pasticceria Cova ❸ D5–E5

Das Café ist seit 1817 bekannt für seine ausgezeichneten Backwaren. Viele Gäste lassen aber auch bei einem Glas Prosecco der Hausmarke Cova ihren erfolgreichen Einkaufsbummel in den sehr stilvollen Räumlichkeiten ausklingen.

- Via Monte Napoleone 8
  Tel. 02 76 00 55 99
  www.pasticceriacova.it
  Mo–Sa 7.45–20.30, So 9.30–19.30 Uhr

SHOPPING

Jimmy Choo D4–D5

Der spektakuläre Flagship-Store des britischen Luxusschuhlabels ist eine Offenbarung für Schuhfetischisten: Highheels, Taschen und jede Menge Accessoires auf 230 m^2. Die edlen Schuhmodelle trug einst Carrie in der TV-Serie »Sex in the City« am liebsten. Aber auch der stilbewusste Mann kann fündig werden.

Auch Männer finden bei Jimmy Choo edles Schuhwerk

- Via Sant'Andrea 1/a
  Ecke Via Monte Napoleone
  www.jimmychoo.com

MUSEO BAGATTI VALSECCHI 7 D5–E5

Das Museo Bagatti Valsecchi ist ein Palast des 19. Jhs., der mit seiner Sammlung Besuchern zugänglich ist. Das Museum eröffnet einen Blick in eine vergangene Epoche, als vornehme Mailänder ihre Häuser in Museen verwandelten (Via Gesù 5, www.museobagattivalsecchi.org; Di bis So 13–17.45 Uhr, 9 €).

ZWISCHENSTOPP: RESTAURANT

Il Salumaio di Montenapoleone 4 €€€ D5–E5

Restaurant im Innenhof des Palazzo Bagatti Valsecchi. Die Travainis sind eine Mailänder Institution!

- Via S. Spirito 10 / Via Gesù 5
  Tel. 02 76 00 11 23
  www.ilsalumaiodimontenapoleone.it
  Mo–Sa 12–22.30 Uhr, So geschl., Café Bistro ab 8 Uhr

CIVICO MUSEO DI MILANO 8 E5

In exklusiver Lagen an der teuren Einkaufsmeile **Via Sant'Andrea** befindet sich das Civico Museo di Milano. In dem ehrwürdigen **Palazzo Morando Bolognini** sind zwei Museen untergebracht: Das **Museum für Zeitgeschichte** (Museo di Storia Contemporanea) im Erdgeschoss schlüsselt mit sehr sehenswerten Ausstellungen die politischen und gesellschaftlichen Ereignisse in Italien zwischen 1914 und heute auf. Besonders beeindruckend sind die Repräsentationsräume des Palastes, die durch ihre Ausstattung Einblick in die adlige Wohnkultur des 18. Jhs. vermitteln. Aktuell bietet das Museum Raum für wechselnde Ausstellungen (Öffnungszeiten und Eintritt je nach Ausstellung, Infos unter www.arte.it). Auch die Sammlung **Moda e Costume del Comune di Milano** hat ihr Domizil im Palazzo gefunden, eine Sammlung mit ca. 6000 Exponaten zur Bekleidungs- und Modegeschichte der Stadt (Via Sant'Andrea 6 www.costumemodaimmagine.mi.it; Di–So 9–13 u. 14 bis 17.30 Uhr, freier Eintritt).

ZWISCHENSTOPP: RESTAURANT

Bottigliera da Pino 5 € E5

Die Bottigliera liegt zwar etwa 10 Min. zu Fuß von der Via Sant'Andrea entfernt – südlich des Corso Europa –, doch der Weg lohnt sich wegen der guten Regionalküche und der vergleichweise günstigen Preise.

- Via Cerva 14 | Tel. 02 76 00 05 32
  nur mittags, So geschl.

VILLA REALE UND GALLERIA D'ARTE MODERNA 9 E4

Wer das *quadrilatero* über die Via Manzoni verlässt, der findet an deren Ende die **Archi di Porta Nuova,** die als Stadttor 1156–1158 gegen Friedrich I. Barbarossa errichtet worden waren. Im Innern der Bogenwände sind noch die Rillen erkennbar, in denen das Fallgitter heruntergelassen wurde. Von der verkehrsreichen Piazza Cavour zweigt die Via Palestro ab, die entlang der links liegenden Giardini Pubblici verläuft. In der Via Palestra befindet sich rechts unter der Haus-

MAILAND GRATIS ENTDECKEN

- **Galleria d'Arte Moderna** Mit Werken u. a. von Picasso, Renoir, Matisse, Modigliani. Jeden 1. und 3. Di im Monat ab 14 Uhr und jeden 1. So ist der Eintritt frei. › S. 104.
- **Palazzo Morando** Salonmöbel, Gemälde und Kleidungsstücke der Mailänder Gesellschaft vergangener Epochen. Der Eintritt ist frei › S. 103.
- **Museo Astronomico** Über 100 wissenschaftliche Gerätschaften, denen sich Physiker und Astronomen früherer Jahrhunderte bedienten, präsentiert das Museum im Palazzo Brera › S. 110 bei freiem Eintritt (Via Brera 28; Mo–Fr 9–16.30 Uhr).
- **Orto Botanico di Brera** D4 Gratis kann der schöne Botanische Garten des Brera-Palasts mit uraltem Baumbestand besucht werden (April–Okt. Mo–Sa 10–18, Nov. bis März Mo–Sa 9.30–16.30 Uhr).
- **Antiquarium Alda Levi** C6 Kunst- und Gebrauchsgegenstände aus der Römerzeit präsentiert das Antiquarium in einem ehemaligen Kloster. Auch der Eintritt in den Ausgrabungspark mit den Resten eines Amphitheaters ist frei (Via E. De Amicis 17).
- **http://milano.virgilio.it/eventi-gratis** Hier findet man eine Menge Termine und Adressen von Ausstellungen, Konzerten etc. in Mailand mit freiem Eintritt.

nummer 14 die **Villa Reale,** die der Wiener Architekt Leopold Pollack 1790–1796 für den Grafen Lodovico Barbiano di Belgiojoso erbaute. Ihre prachtvolle Seite wendet die Villa dem See in dem herrschaftlichen englischen Park zu, den **Giardini di Villa Reale**. Die elf Fensterachsen der Fassade werden von hohen kannelierten Säulen rhythmisch gegliedert.

Heute wird die Villa als Museum genutzt. Die Galleria d'Arte Moderna dokumentiert mit ihrer Sammlung die regionale Malerei bis zum Ausbruch des Ersten Weltkriegs. Eine Stiftung des Bildhauers Marino Marini und die **Sammlung Grassi** mit Werken von Cézanne, Manet und van Gogh sind auch hier zu finden (www.gam-milano.com; Di–So 9–17.30 Uhr, 5 €).

In dem **Padiglione d'Arte Contemporanea** (PAC), der in den ehemaligen Stallungen der Villa Reale untergebracht ist, finden wechselnde Ausstellungen zu zeitgenössischer Kunst statt (www.pacmilano.it).

GIARDINI PUBBLICI 10 E4

Die Giardini Pubblici, ein Ende des 18. Jhs. von dem klassizistischen Architekten Giuseppe Piermarini angelegter Stadtpark, sind neben dem Parco Sempione › S. 88 bisher die einzige größere Grünfläche der Mailänder Innenstadt. Mit seinen Hügeln, Teichen, alten Bäumen und exotischen Pflanzen bildet der Park einen beliebten Treffpunkt in der Stadt, wo sich die arbeitende Bevölkerung eine Pause gönnt.

MUSEO CIVICO DI STORIA NATURALE 11 E4

Am Corso Venezia 55, Ecke Via Palestro, liegt zwischen den beiden Metrostationen Palestro und Porta Venezia das Museo Civico di Storia Naturale innerhalb der Giardini Pubblici. Die Abteilungen des größten naturgeschichtlichen Museums Italiens, darunter Mineralogie, Paläontologie, Evolution, Insektenkunde, Säuger, Vögel, Wirbellose, Reptilien, Fische und Ökologie, sind auf über 5000 m² didaktisch vorbildlich aufgebaut und für jeden Naturfreund ein Erlebnis.

Das Museum wurde 1838 gegründet, nachdem der Mailänder Forscher Giuseppe de Cristoforis (1803–1837) seine umfangreichen Sammlungen der Stadt überließ. Er machte zur Bedingung, dass sein Freund, der Zoologe und Botaniker Giorgio Jan (1791–1866), ein Museum einrichtet. Zu den Attraktionen zählen heute die Fossiliensammlung, zu der 200 Millionen Jahre alte Reptilien gehören, sowie sieben vollständig erhaltene Dinosaurierskelette (Tel. 02 88 46 33 37; Di–So 9–17.30, Tickets bis 16.30 Uhr, 5 €).

PALAZZO DUGNANI 12 E4

An der Westseite der Giardini Pubblici erhebt sich der Palazzo Dugnani, der Ende des 17. Jhs. errichtet wurde. Besonders schön präsentiert sich der elegante zweigeschossige Palast mit drei hohen Torbögen und der darüberliegenden Loggia zur Parkseite hin.

Heute nutzt Mailand das Gebäude für besondere Veranstaltungen und wechselnde Ausstellungen, ansonsten ist der Palast für die Öffentlichkeit leider nicht zugänglich.

Saurierskelette im Museo Civico di Storia Naturale

MEKKA DER MODE

Fantasievoll dekorierte Auslage in Mailands Quadrilatero d'Oro

Mamma mia, wie sich das überschlanke Geschöpf da in Szene setzt. Ein Kleid aus changierender Seide mit Blumenmuster, den passenden Seidencrêpe-Mantel lässig über die Schultern gehängt. Schönheit pur, geschaffen von Romeo Gigli. Überall in Mailands Schaufenstern fließen edle Stoffe raffiniert über meist weibliche Traumfiguren – Couturiers machen Mode und verkaufen Träume.

Mode ist Mailands strahlender Himmel, seitdem in den 1970er-Jahren ein Stern nach dem anderen am Firmament der *alta moda* aufging. Die Kreationen von Armani, Romeo Gigli, Ungaro, Valentino, Dolce & Gabbana, Prada, Moschino, Etro, Versace und Gianfranco Ferré überholten die vergleichsweise langweilig wirkende Mode à la parisienne.

LÄSSIGER LUXUS IM QUADRILATERO D'ORO

Das Herz des Luxus bilden die Via Monte Napoleone sowie die angrenzenden *borghi*, die Gassen des mittelalterlichen Mailands, in denen minimalistisch gestylte Schaufenster den Blick auf das Übermorgen lenken. Einer Perlenkette gleich reihen sich die Modeimperien in Palazzi des Seicentos aneinander und wecken Begehrlichkeiten. Immerhin geht es um nichts Geringeres als ein Lebensgefühl – da ist von Preisen selbstverständlich nicht die Rede. Wer gibt sich angesichts eines Outfits von Dolce & Gabbana schon mit solchen Lappalien ab?

DIE TRENDS

Heute reicht es für einen Modemacher nicht mehr allein aus, mit einer gelungenen Prêt-a-porter-Kollektion zu punkten. Man verkauft nicht nur Mode, sondern versucht, durch besonders gelungenes Shopdesign und weitere Angebote Aufsehen zu erregen. So sind einige der Couturiers unter die Gastronomen gegangen: Roberto Cavalli und Giorgio Armani sind sogar mit mehreren unter ihrem Namen firmierenden Lokalitäten in der Stadt vertreten. Daneben verkauft Armani in seinem Megastore namens **Armani Casa** auch Designobjekte › S. 39.

Mailand lädt nicht nur beim Shopping ein, im Luxus zu schwelgen. In edlem Ambiente kann man auch den Körper nach allen Regeln der Kosmetik- und Massagekunst behandeln lassen. Top-Adressen dafür sind Luxushotels, deren Spas auch externe Gäste nutzen können, etwa im **Mandarin Oriental**, mit Massagen ab ca. 200 € (Via Andegari 9, Tel. 02 87 31 88 88, www.mandarinoriental.de).

Und im **Bulgari Spa,** das zum Hotel Bulgari › S. 31 gehört, kann man sich mit vulkanischen Steinen und speziellen »Bulgari«-Massagen verwöhnen lassen (Via Privata Fratelli Gabba 7/b, Tel. 02 8 05 80 52 00, www.bulgarihotels.com; tgl. 7.30 bis 21 Uhr). › mehr S. 13 Punkt 8

MODETERMINE

Jeweils zweimal im Jahr kommen die Trends der Saison für Frau und für Mann auf den Laufsteg bei der **Milan Fashion Week.** Infos hierzu und zu weiteren Modeschauen, Messeterminen etc. mit Mailands Top-Designern sowie Bildmaterial findet man unter www.cameramoda.it.

MODE AUF DEM MARKT

Wenn die Designerstücke erst bei den Couturiers und dann auch in den Outlets › S. 40, den Restpostenverkäufen, das Verfallsdatum überschreiten, findet man sie auf den Mailänder Märkten wieder. Vor allem die dienstags und samstags stattfindenden Märkte in der Viale Papiniano und in der Via Fauché › S. 44 erweisen sich häufig als Fundgrube für einstige Luxusgespinste zu minimalen Preisen.

DIE SCHNELLE KOPIE

Mailand ist nicht nur die Hauptstadt der Luxuslabels, sondern auch der sogenannten *prontisti*. Das sind all jene, die auf den Messen sowie bei den Präsentationen in Showrooms die neueste Mode skizzieren oder fotografieren, um sie dann so schnell wie möglich als Massenware auf den Markt zu werfen – am besten, bevor das Original im Schaufenster der Designerboutique erscheint. Geschwindigkeit bedeutet im Geschäft mit der Mode alles. Urheberrecht hingegen zählt wenig.

Schnäppchenjäger auf dem Wochenmarkt in der Viale Papiniano

DAS BRERA-VIERTEL

Im charmanten Künstler- und Ausgehviertel Brera

Karte S. 111

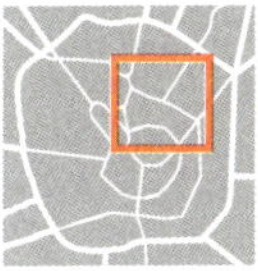

Neben der berühmten Pinacoteca di Brera begeistern in diesem Viertel etliche Galerien, sehenswerte Kirchen und ein besonderer »Skulpturenpark« im Cimitero Monumentale. Liebhaber moderner Architektur zieht es zur nahen Piazza Gae Aulenti.

Zwischen den mondänen und hektischen Vierteln des Centro storico und des Quadrilatero d'oro gelegen, geht es rund um die Pinacoteca di Brera mit ihrer Kunstsammlung von Weltruf und einer der schönsten Kirchen Mailands, San Simpliciano, fast schon gemächlich zu. Kleine Straßen mit typischen Restaurants und Galerien vermitteln dem Besucher etwas vom Boheme-Charme der Gegend um die Kunstakademie. Ein relativ niedrigeres Mietniveau veranlasste zudem junge, aufstrebende Designer, hier Läden zu eröffnen. Wer Ungewöhnliches sucht, wird in Brera fündig werden. Ein Tipp für Nachtschwärmer ist der Corso Como.

Im Kontrast zum historischen Brera steht das an dessen Nordostrand neu entstandene, moderne Stadtviertel Porta Nuova mit seiner wegweisenden Architektur.

TOUR DURCH DAS BRERA-VIERTEL

TOUR 3

IM KUNST- UND DESIGNQUARTIER

VERLAUF: Pinacoteca di Brera › San Simpliciano › Cimitero Monumentale › Corso Como › Piazza Gae Aulenti › Stazione Centrale

KARTE: Seite 113
DAUER: 5–6 Std. Gehzeit
PRAKTISCHE HINWEISE:

- Brera ist mit der Metrolinie Ⓜ 2, Lanza, erreichbar, die Stazione Centrale mit den Linien Ⓜ 2 und 3.
- Wer sich den Fußweg von San Simpliciano zum Cimitero Monumentale ersparen möchte, der nimmt die Tramlinien 12 oder 14 von der Haltestelle Legnano / Arena in der Via Legnano bis zum Halt Bramante / Monumentale.
- Nach den Besichtigungen sollte man am späten Nachmittag wiederkommen, wenn die Läden noch geöffnet sind. Danach kann man sich in der Brera, am Corso Como, ins Nachtleben zu stürzen.
- Tipp: Jeden 3. So im Monat (außer im Aug.) findet der Antiquitätenmarkt Mercatino di Brera in der Via dei Fiori Chiari, nahe der Metrostation Lanza, statt › S. 44, 113.

Karte S. 111

TOUR-START: PINACOTECA DI BRERA 1 7 D4

Seinen künstlerischen Ruf verdankt das Viertel der Kunstsammlung im **Palazzo Brera,** die zu den bedeutendsten der Welt zählt. Die Mailänder haben ihre berühmte Gemäldekollektion der kunstsinnigen Maria Theresia zu verdanken, die 1776 in der lombardischen Hauptstadt eine Akademie der Schönen Künste gründete. Als Sitz hatte sie ein 1651 errichtetes Ordenshaus der Jesuiten ausgewählt. Mailänder Mäzene, darunter die beiden bedeutenden Industriellen Jesi und Jucker, erweiterten im 19. Jh. die Pinakothek mit ihren Stiftungen zeitgenössischer Kunst.

Heute umfasst die Sammlung mehr als 2000 Werke vor allem der italienischen Kunstgeschichte vom 14. bis zum 20. Jh., darunter viele Meisterwerke. Doch beim Besuch der Brera wird einem leider nie das Vergnügen zuteil, einmal alle Säle durchwandeln zu können, da Umbauten oder Personalmangel den Besucher an verschlossenen Räumen vorbei durchs Museum leiten. So kommt es, dass nur ein Bruchteil der Bestände ausgestellt ist. Eine Besonderheit stellt die Restaurierungswerkstätte dar. In ihr können Besucher den Restauratoren bei ihrer diffizilen Arbeit durch eine Glaswand über die Schulter blicken.

Die Brera ist ein ungewöhnlich lebendiges Museum. Wenn man durch das hoheitsvolle klassizistische Portal von Piermarini schreitet und in den Innenhof kommt, mag man verwundert sein, junge Künstler mit farbverschmierten Händen zu sehen. Bis heute ist das Museum der **Kunstakademie** sowie Mailands größter Bibliothek, der **Biblioteca Nazionale Braidense,** angeschlossen.

Das ehemalige Jesuitenkolleg beherbergt darüber hinaus das lombardische Institut für Naturwissen-

BRERA – INTERESSANTE VIELFALT

Im gesamten Brera-Viertel ist mitunter noch das künstlerische Flair von einst zu spüren. Auch das Mailand der kleinen Leute hat hier ein Stück weit hinter den repräsentativen Straßenzügen überlebt. Hier schlurft noch eine gebückte Alte in den *alimentari*-Laden um die Ecke, und hier ist auch noch der legendäre Geist der 1960er-Jahre zu spüren, als viele Künstler ihre Ateliers in dem Viertel einrichteten und für revolutionäre Unruhe nicht nur in der Kunst sorgten. Leider lässt sich doch aus künstlerischem Ruhm und authentischem Charme fast immer und überall Kapital schlagen: Gentrifizierung lautet die wissenschaftliche Bezeichnung für diesen Verdrängungsprozess: Schon Ende der 1980er-Jahre schnellten die Mieten hier derart in die Höhe, dass viele alte und finanzschwache Leute ihre Wohnungen aufgeben mussten. Das Viertel wurde »in«, trendige Gastronomie und Geschäfte, Design-Showrooms und Galerien hielten Einzug.

schaften und Literatur sowie eine Sternwarte. In dem in vollendeter Formharmonie geschlossenen Arkadenhof hat sich eine Statuen- und Büstengesellschaft von Künstlern, Schriftstellern und Gelehrten versammelt, in deren Mitte das bronzene **Standbild von Napoleon** platziert ist, das der italienische Bildhauer Antonio Canova 1809 schuf. Die schnöde Nacktheit des großen Eroberers hat im Laufe der Jahre immer wieder Aufsehen erregt.

Vom Arkadenhof führt eine Paradetreppe hinauf zum oberen Säulengang und zum Eingang in die **Pinakothek.** Die erlesene Sammlung mit Schwerpunkt auf der lombardischen und venezianischen

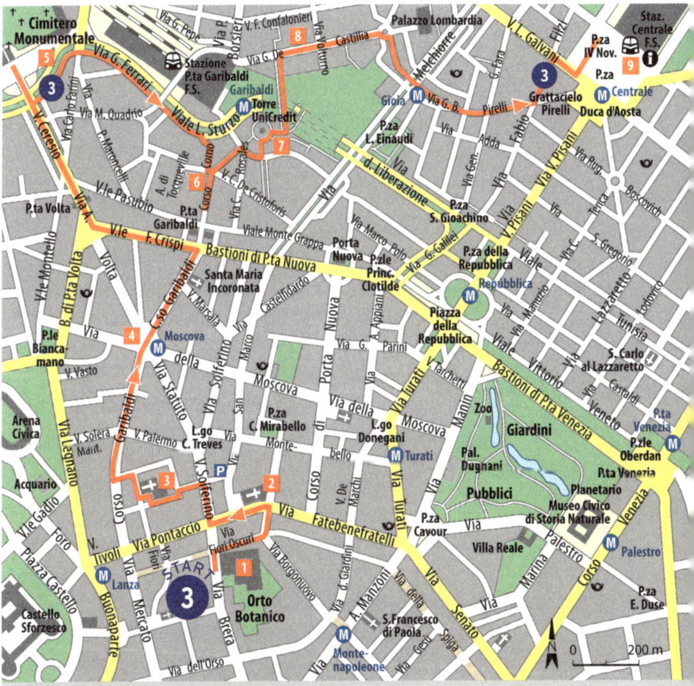

TOUR DURCH DAS BRERA-VIERTEL

TOUR 3

IM KUNST- UND DESIGNQUARTIER

1 Pinacoteca di Brera
2 San Marco
3 San Simpliciano
4 Largo la Foppa
5 Cimitero Monumentale
6 Corso Como
7 Piazza Gae Aulenti
8 Bosco Verticale
9 Stazione Centrale

Malerei birgt eine Fülle von Meisterwerken, von denen hier nur die wichtigsten genannt seien: »Der tote Christus« von Andrea Mantegna, die »Madonna mit Kind, Engeln, Heiligen und Federico da Montefeltro« *(Sacra conversazione)* von Piero della Francesca, der »Cristo deposto« von Tintoretto, eine Pietà von Gentile Bellini, Raffaels »Vermählung der Jungfrau« *(Sposalizio della vergine)* sowie Caravaggios »Abendmahl von Emmaus« *(Cena in Emmaus)* (Via Brera 28, Tel. 02 92 80 03 61, www.pinacotecabrera.org; Di–So 8.30–19.15 Uhr, 10 €, 1. So im Monat Eintritt frei, Audioguide 5 €).

RESTAURANT

Caffè Vecchia Brera D5

Auf dem Weg zur nächsten Besichtigung kann man sich im Caffè Vecchia Brera erholen, wo es zum Wein gut 40 süße und salzige Crêpe-Sorten gibt.

- Via dell'Orso 20
  www.creperiacaffevecchiabrera.it
  Mo–Fr 10–1, Sa 10–2 Uhr, So geschl.

NIGHTLIFE

Jamaica Bar D4

Die Bar ist seit einer halben Ewigkeit ein legendärer Treffpunkt für Künstler und andere illustere Zeitgenossen. Nicht nur bei Vernissagen und Lesungen trinkt man hier immer noch gern seinen Wein.

- Via Brera 32 | www.jamaicabar.it
  Di–Sa. 9.30–3, So bis 1, Mo bis 2 Uhr

SAN MARCO 2 D4

An der Seite der Brera geht es durch die Via dei Fiori Oscuri vorbei, um an der ersten Kreuzung links abzubiegen. Die Via Borgonuovo mündet im Norden auf die malerische Piazza San Marco mit der gleichnamigen Kirche San Marco, die dem Platz eine gotisch-lombardische Fassade zuwendet, in der noch das Spitzbogenportal vom Original-

Die freskenverzierte Kuppel der Basilika San Marco

bau von 1254 erhalten ist. Über dem Portal blicken in Nischen die Heiligen Ambrosius, Markus und Augustinus auf die Kirchgänger hinab.

Im Innern der Kirche herrscht barocker Prunk vor, darunter mischen sich Fresken aus dem 14. Jh. (tgl. 7.30–12 u. 16–19 Uhr).

SHOPPING

Cotti D4

Eine Institution in Milano: Mehr als 1000 verschiedene Weine führt dieser sympathische Laden, in dem sich seit über 50 Jahren nichts geändert hat.

- Via Solferino 42 | Tel. 02 29 00 10 96
  www.enotecacotti.it
  Mo–Sa 9–13, 15–20 Uhr

Mercatino di Brera D4

Antiquitätenmarkt nahe San Marco, auf der Via dei Fiori Chiari (jeden 3. So im Monat, außer im Aug.) > **S. 44, 109.**

SAN SIMPLICIANO 3 D4

Über die Via Solferino gelangt man zu einer der schönsten Kirchen Mailands: Die Basilica di San Simpliciano, deren Ursprünge bis ins 4. Jh. zurückreichen. Der hl. Ambrosius gründete sie an der Stelle eines altrömischen Friedhofs. Erst unter seinem Nachfolger, Bischof Simpliciano, konnte die Kirche fertiggestellt werden. 398 ließ Simpliciano die Gebeine der drei Märtyrer Sisinnio, Martirio und Alessandro in der Kirche beisetzen.

Als Mailand 1176 gemeinsam mit dem »lombardischen Städtebund« in den Kampf gegen Friedrich I. Barbarossa bei Legnano zog, sollen der Überlieferung nach aus dem Raum, in dem die Gebeine der drei Märtyrer aufbewahrt wurden, drei Tauben zum Himmel aufgestiegen sein. Auf den Fahnenstangen sitzend, sollen sie angeblich die Kommunen in die entscheidende Schlacht begleitet und ihnen zum endgültigen Sieg und damit zu ihrer Unabhängigkeit verholfen haben. Am Tag der damaligen Kampfhandlungen, dem 29. Mai, werden zur Erinnerung noch heute weiße Tauben in den Himmel entlassen.

Der Ursprungsbau San Simplicianos aus dem 4. Jh. ist leider nicht mehr erhalten; Umbauarbeiten vor allem im 12. Jh. verwandelten die Kirche in eine romanische Stufenhalle. Die Portale, darunter auch das Mittelportal mit Kapitellen, deren Darstellungen über die »Klugen und törichten Jungfrauen« des Matthäus-Evangeliums belehren, sind ein Werk der Neoromanik.

Feierliche Strenge herrscht im Innern der Kirche, in dem das große Apsisfresko der **Marienkrönung** von Il Bergognone alle Blicke auf sich zieht. Etwa um 1515 malte der Künstler in einer für ihn charakteristischen lässigen Kompositionsweise Gottvater, der Christus und die Madonna in die Arme schließt (Mo–Sa 7–12, 15–19, So 7.30–12, 16–19 Uhr).

An die Kirche ist das ehemalige Kloster mit zwei schönen Kreuzgängen angeschlossen.

LARGO LA FOPPA 4 D4

Volkstümlich gibt sich das Viertel um den Largo la Foppa, in dem noch das alte Mailand überlebt hat.

Bildhauerkunst und Tempel auf dem Cimitero Monumentale

Carlo Emilio Gadda hat es in seinem Essay über den »Corso Garibaldi« festgehalten: »Und der Corso Garibaldi war dort in der Nähe (...). Tabakläden mit Tränke, Wirte, Weinhändler, Fleckenreiniger, Erste-Hilfe-Stationen, Keks-Konditoreien, Milch- und Eisverkäufer, Friseure in weißem Elfenbein (...) und dann Schuhhändler aus dem Süden, Verkäufer himmelblauer Hosenträger (...). Jener liebgewonnene Name (...) war verbunden mit den allerschäbigsten Hütten, die den Stadtsanierungsplänen Schwierigkeiten bereiten und bei den Volkskundlern die schillerndsten Begehrlichkeiten erweckten.«

SANTA MARIA INCORONATA

Die Kirche am Corso Garibaldi setzt sich aus zwei unterschiedlichen Kirchen zusammen. Sie wurden im 15. Jh. hinter einer Fassade vereint. Francesco Sforza und seine Frau Bianca Maria Visconti waren die Auftraggeber der Grabeskirche, in der Persönlichkeiten vom Hofe ihre letzte Ruhestätte fanden.

VIA SAN MARCO

Die Via San Marco ist eine der romantischsten Ecken Mailands. Kurz vor der großen Ringstraße ist noch ein letzter Rest der – für die mittelalterliche Wirtschaft so wichtigen – Kanäle erhalten – inklusive einer alten, hölzernen Schleusenanlage bei den Bastioni di Porta Nuova.

CIMITERO MONUMENTALE 5 8 C3

Am Ende des Corso Garibaldi trifft man auf die im 19. Jh. auf dem Areal der alten Bastionen errichtete Ringstraße. Wer links der verkehrsreichen Viale Crispi folgt und an deren Ende rechts in die Via Ceresio einbiegt, sieht schon von Weitem das Eingangstor des Cimitero Monumentale. Gegen die Vergänglichkeit haben sich die Mailänder hier tempelähnliche Grabstätten errichten lassen, die vor allem ihren Reichtum weit über den Tod hinaus demonstrieren sollten. Wenn der Mensch auch zu Staub verfällt, ewig bleibt auf dem Cimitero Monumentale seine marmorne Nekropole, die zu Stein gewordene prunksüchtige Erinnerung. Auf 200 000 m² dehnt sich hier ein einmaliger Skulpturenpark aus. Engel, Musen, Heilige, ätherische Frauengestalten und Greise bevölkern den Friedhof und verwandeln ihn in eine Art Freilichtmuseum der lombardischen Bildhauerkunst. Denn die besten Künstler wurden angeheuert, um das Werk für die Ewigkeit zu schaffen. Dabei war es Brauch, das Grabmonument noch zu Lebzeiten zu bestellen und die glühenden Lobeshymnen auf dem Grabstein selbst zu verfassen. Natürlich fiel der Blick auch immer auf die Nachbargrabmäler, die man in ihrer Pracht noch zu übertrumpfen versuchte.

1866 wurde der Friedhof für das lombardische Bürgertum angelegt, dem einfachen Volk waren die Tore zu diesem marmornen Himmel von Anfang an verschlossen. Wie hätte sich denn auch ein einfaches, blumengeschmücktes Grab neben dem marmornen Baldachin über der Gruft der Familie **Bocconi** ausgemacht, der mit seiner Höhe von 20 m dem Himmel ja so viel näher ist als der Erde? Die bekannten Stoffhändler lehrten an der von ihnen um 1900 gegründeten Wirtschaftshochschule Bocconi und gründeten das Kaufhaus Rinascente am Dom. Die **Motta** wählten als letzte Ruhestätte einen Granitzylinder, der an ihren berühmtesten Mailänder Kuchen, den Panettone, erinnert. Bei den **Campari** liegt fast ein wenig Vermessenheit in ihrer Selbstdarstellung, wenn ein bronzener Jesus mit seinen zwölf Jüngern über ihrem Grab zum Abendmahl zusammenkommt. Etwa 100 Marmorskulpturen auf einem zwölf Meter hohen Spiralturm befand der kunstsinnige Baumwollfabrikant **Antonio Bernocchi** als Grabesschmuck für angemessen. Mancher sah sich in der Ewigkeit in einem griechischen Tempel, wieder andere bevorzugten den monumentalen Stil, sei es in historisierender, sei es in faschistischer Ausprägung.

Berühmten Bürgern Mailands ist der sogenannte Ruhmestempel **Il Famedio,** gewidmet, in dem u. a. die Dichter Alessandro Manzoni, Salvatore Quasimodo und Carlo Cattaneo beigesetzt sind (Di–So 8 bis 18 Uhr, kostenlose Führungen, ca 1,5 Std., unter Tel. 02 88 44 12 74 oder per Mail an dsc.visiteguidate monumentale@comune.milano.it). Die Frauen mit den kleinen Blumensträußchen, die man eiligen Schrittes über den Cimitero Monumentale gehen sieht, zieht es zu dem bescheidensten Grab des Friedhofs ganz hinten an der Mauer. Es ist ein

VERDIS LETZTE RUHE

Wer das Grab von Giuseppe Verdi (1813–1901) am Cimitero Monumentale sucht, ist allerdings falsch. Hier erinnert nur eine Büste im Pantheon Il Famedio an den großen Komponisten. Dieser hat seine letzte Ruhestätte in der Krypta der **Casa Verdi** A5, dem von ihm gestifteten Altenheim für Musiker nahe des neuen Quartiers City-Life gefunden (Piazza Buonarotti 29, www.casaverdi.org; Kryptabesuch tgl. 8.30–18 Uhr).

schlichtes Erdgrab, in dem **Giuseppe Gervasi** seine letzte Ruhe gefunden hat. Der populäre, volksnahe Vorstadtpriester hatte allerlei unkonventionelle Heilmethoden angewandt, um seinen Gemeindemitgliedern bei Problemen aller Art zu helfen. Der Bischof hielt ein scharfes Auge auf ihn, waren die Grenzen zwischen göttlicher Kraft und teuflischem Werk nach Ansicht der Kirche im Tun Gervasis doch oft fließend. Schließlich wurde er seines Amtes enthoben, zu groß war der Ansturm Hilfe suchender Menschen geworden.

CORSO COMO 6 9 D3

Einer der Top-Tipps für Nachtschwärmer ist der Corso Como. Vom Friedhof ist er schnell über die Via Maurizio Quadrio am Bahnhof Porta Garibaldi vorbei zu erreichen. Die für den Verkehr gesperrte Straße hat sich im Lauf der letzten Jahren zur absoluten In-Adresse entwickelt. In den Läden links und rechts der Straße, die an der klassizistischen Porta Garibaldi endet, hat sich eine bunte Mischung aus Gastronomie, Bars und Designläden angesiedelt. Besonders während lauer Sommernächte tobt hier das Mailänder Leben auf der Straße.

ZWISCHENSTOPP: RESTAURANT

Princi 1 D3

Eine Bäckerei, in der es neben fantastischen Pizzen auch noch eine Einrichtung gibt, die der Designer Claudio Silvestrin gestaltet hat.

- Piazza XXV Aprile 5 | www.princi.it
  tgl. 7–23 Uhr

NIGHTLIFE

Hollywood Rythmoteque D3

Wenn Milan- und Inter-Spieler etwas zu feiern haben, dann gehen sie in diesen schicken Klub mit 1980er-Touch.

- Corso Como 15
  www.discotecahollywood.it
  Di–So 21.30–5 Uhr

Trendiges Shoppen im 10 Corso Como Concept Store

SHOPPING

10 Corso Como Concept Store D3

Was morgen in sein wird, kann man schon heute hier erstehen: trendy Bildbände und Bücher, japanische Comics, ausgefallene Wohnaccessoires, Schmuckdesign, Düfte und Mode der großen Designer. Nach dem Einkauf kann man die neuesten Trends bei einem Drink in dem verwunschenen Café > S. 35 auf sich wirken lassen.

- Corso Como 10 | www.10corsocomo.com

Cargo – High Tech D3

Der trendige Laden bietet ein Sammelsurium an schönen und ausgefallenen Accessoires rund um Haus und Garten sowie Kleidung und Parfüms. > auch S. 40

- Piazza XXV Aprile 12
  www.cargomilano.it

PIAZZA GAE AULENTI 8 D3

Die Via Vincenzo Cappelli führt als Verlängerung des Corso Como zur hypermodernen Piazza Gae Aulenti, benannt nach der 2012 verstorbenen italienischen Architektin. Der zentrale Platz des neuen Viertels Porta Nuova, mit großem Brunnen in der Mitte, ist flankiert von im Rondell angeordneten Glasfassaden mit Geschäften und Einkaufspassagen. Dominiert wird die Piazza, die sich zu einer Besucherattraktion gemausert hat, von der **Torre UniCredit** > S. 63, dem imposanten, mit Antenne 231 m hohen Wolkenkratzer der italienischen Bankengruppe.

Der geschwungene, in Holz gehaltene große Pavillon an der Piazza diente v. a. als Kulturzentrum, wurde aber 2018 von der UniCredit an einen Investor veräußert. Die Nachfolgenutzung ist bis dato offen.

Bosco Verticale – die innovativen begrünten Zwillingstürme in Porta Nuova

BOSCO VERTICALE 8 D3

Nördlich der Piazza Gae Aulenti bzw. der Stazione Porta Garibaldi, zwischen Via G. De Castilla und Via F. Confalonieri, zeigen die zwei 2014 fertiggestellten, 111 m und 76 m hohen, begrünten Türme des Bosco Verticale, wie urbanes Wohnen im 21. Jh. aussehen kann. Über 900 Bäume hat Architekt Stefan Boeri auf die Balkone und Terrassen pflanzen lassen. Der »senkrechte Wald« wird durch ein zentrales Bewässerungssystem versorgt und von Gärtnern gepflegt. Von den Mietern darf kein Baum gerodet werden. Der grüne Mantel ist fester Bestandteil der Fassade und soll für bessere Luft draußen und drinnen sorgen.

Karte S. 111

RUND UM DIE STAZIONE CENTRALE 8 E3

Ein Wegbereiter des Hochausbaus in Italien ist der **Grattacielo Pirelli** › S. 62, im Volksmund *Pirellone* genannt, der mit seiner eleganten, geradlinigen Form als Meisterwerk der Nachkriegsarchitektur gilt. Das 1955–1960 von Gio Ponte errichtete Hochhaus war das erste Gebäude in Mailand, das mit seinen 127 m Höhe den Dom überragte. 1978 erwarb die Region Lombardei das Hochhaus von dem Reifenhersteller. Nachdem 2002 ein Kleinflugzeug in den Turm eingeschlagen war, wurde dieser generalsaniert.

Die Regionalregierung hat 2010 mit dem **Palazzo Lombardia** einen neuen Regierungs- und Verwaltungssitz in der Nähe bezogen. Der Komplex mit seiner geschwungenen Architektur und dem 161 m hohen Turm wurde auch hinsichtlich der Berücksichtigung ökologischer und sozialer Komponenten international ausgezeichnet.

Dagegen ist die nahe **Stazione Centrale** ein Exempel für die Gigantomanie öffentlicher Gebäude in der ersten Hälfte des 20. Jhs. Nach fast 20 Jahren Bauzeit wurde der Hauptbahnhof 1931 unter Mussolini fertiggestellt. Mit seinem Architekturmix aus Spätjugendstil und faschistischen Elementen hinterlässt der monumentale Kopfbahnhof einen zwiespältigen Eindruck.

ISOLA – DIE VOLKSTÜMLICHE SEELE MAILANDS

Man trifft sie nur noch selten, den Mann in staubiger Tischlerschürze oder die Hausfrau im Kittel beim Plausch mit der Nachbarin. Die *milanesi* kennt man vor allem in dezenten Kostümen oder eleganten Anzügen, wenn sie in der Mittagspause durch die Straßenzüge eilen. Wo aber gibt es noch das alte Mailand mit seinen Osterien, seinen Handwerkern, seiner Sprache, seinem Alltagsmüßiggang inmitten all der Geschäftigkeit?

Das Gebiet zwischen den Bahnhöfen Porta Garibaldi und Centrale, die sogenannte *Isola,* kann sprichwörtlich als letzte Insel in Mailand angesehen werden, in der sich kleinbürgerliche Wohnkultur und die volkstümliche *milanesità* noch erhalten haben. Auch der berühmteste Sohn der Gegend, der Sänger Adriano Celentano, setzte ihr mit seinem Lied »Il ragazzo della Via Gluck« ein Denkmal. Für ihren Oppositionsgeist waren die »Insulaner« schon immer bekannt, 1889 begannen hier die Unruhen wegen erhöhter Brotpreise im Besonderen und der Monarchie im Allgemeinen. Hier wurde die erste Sektion der Sozialistischen Partei in Mailand gegründet, hier kamen die Widerstandskämpfer gegen den Faschismus zusammen und hier wurden in der Nachkriegszeit die meisten zum Abbruch bestimmten Häuser besetzt. Revolutionärer und alternativer Geist liegt zwar noch in der Inselluft, doch die Gentrifizierung schreitet voran – einhergehend mit der Ausdehnung des neuen, modernen Stadtviertels Porta Nuova in Richtung Isola.

MAGENTA & SANT' AMBROGIO

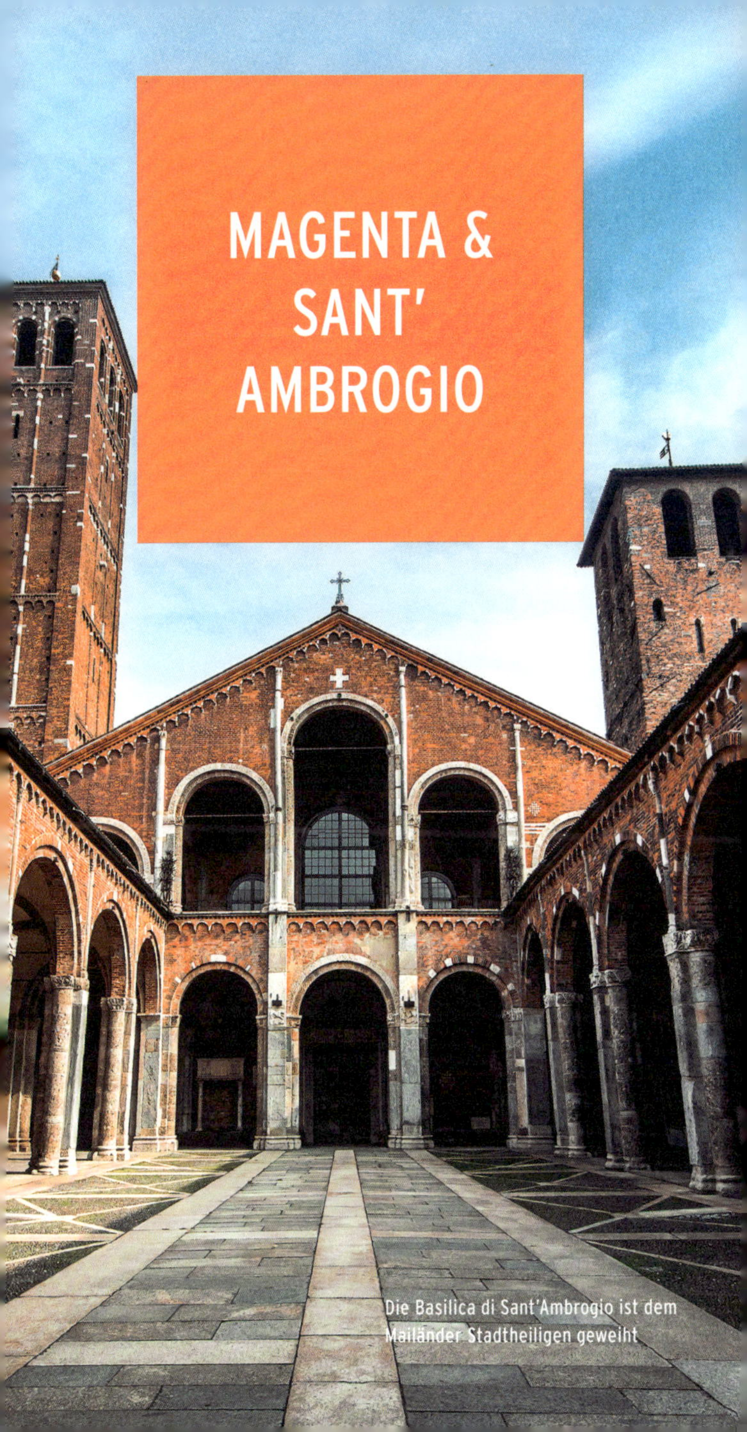

Die Basilica di Sant'Ambrogio ist dem Mailänder Stadtheiligen geweiht

Hier versammeln sich Mailands kulturhistorische Glanzpunkte in Form von dem »Abendmahl« von Leonardo da Vinci in der Kirche Santa Maria delle Grazie sowie den Kirchen Sant'Ambrogio und San Lorenzo Maggiore.

Die Gegend vom Corso Magenta bis zum Parco delle Basiliche ist hauptsächlich Wohngegend. Einzig am Corso della Porta Ticinese beginnen sich langsam auch die Modedesigner mit ihren Läden niederzulassen und verdrängen die dort heimischen, alternativ angehauchten Geschäfte. Aber gerade die Mietshäuser um S. Maria delle Grazie herum offenbaren hinter strengen Fassaden im Inneren kleine Höfe und Gärten, die verständlich machen, warum dies eine der beliebtesten Wohngegenden Mailands ist. Den Besucher erwarten andere Highlights: etwa das »Abendmahl« von Leonardo da Vinci oder die Kirchen Sant'Ambrogio und San Lorenzo Maggiore.

TOUR DURCH MAGENTA & SANT'AMBROGIO

TOUR 4

ZU MAILANDS ÄLTESTEN KIRCHEN

VERLAUF: Santa Maria delle Grazie > Museo Nazionale della Scienza > Sant'Ambrogio > San Lorenzo Maggiore > Sant'Eustorgio > Porta Ticinese

KARTE: Seite 125
DAUER: 4–5 Std.
PRAKTISCHE HINWEISE:

- Zu Santa Maria delle Grazie kommt man entweder mit der Metro (Ⓜ 1 oder 2 bis Cadorna, von dort 500 m zu Fuß) oder mit der Tram Nr. 16, die direkt vor der Kirche hält. Von Sant'Eustorgio fährt die Tram Nr. 3 zum Dom zurück. Tickets für Leonardos »Abendmahl« sollte man mehrere Wochen im Voraus bestellen > S. 124, insbesondere dann, wenn der Besuch an einem Wochenende geplant ist.
- Da das Viertel überwiegend Wohngegend ist, kann der Besuch an einem Sonntag recht trist werden.

TOUR-START: SANTA MARIA DELLE GRAZIE 1 B5

Ein Höhepunkt jedes Mailandbesuchs ist die Kirche Santa Maria delle Grazie. Der grandiose, in seiner harmonischen Raumwirkung unübertroffene Bau hätte eine großzügigere Umgebung verdient, in der er sich in voller Entfaltung zeigen könnte. Leider nimmt die Straße der Kirche die Wirkung.

Guiniforte Solari, einer der bedeutendsten Baumeister des Quattrocento, bekam 1463 von den Dominikanern den Auftrag für die Klosterkirche. Ludovico il Moro hatte die Kirche zur Grablege seiner Dynastie erkoren und ließ den Chor sowie die Apsis 1490 wieder abreißen, da sie nicht seinen Vorstellungen entsprachen. Er beauftragte 1492 Donato Bramante mit dem Entwurf eines neuen Ostbaus. Der Baumeister hatte sich mit Bauten, die einer ganz neuen einfachen Klarheit nachkamen, einen Namen gemacht. Neueren Forschungen zufolge geht man davon aus, dass Bramante lediglich die Idee für den mächtigen Ostbau lieferte, während Mailänder Baumeister nach seinem Weggang aus der Stadt die Fassade in lombardischer Manier kleinteilig gliederten und mit Pflanzenornamenten und Bildnismedaillons schmückten. Wer auch immer den Ostbau ausführte – er wirkte in der Folge beispielgebend auf viele andere überkuppelte Zentralbauten in Oberitalien.

DER HAUPTRAUM

Der Klarheit des Außenbaus entspricht der lichterfüllte Innenraum, den man durch ein prachtvolles Marmorportal betritt. Durch die hohen Fenster, die die Fassade und

Historische Fassaden am Corso Magenta

Karte S. 125

die Flanken rhythmisch gliedern, wird der Raum hell erleuchtet. Dadurch wirkt er weiträumiger, als er ohnehin schon ist. Der Gleichklang aller Formen schafft eine überwältigende Stimmung der Klarheit, der man sich nur schwer entziehen kann. Von Bramante stammen auch die Entwürfe der Sgraffito- und Freskomalerei. Von der Kuppel blicken Heilige des Dominikanerordens, und im Sgraffitodekor des Chors haben sich Evangelisten und Kirchenväter auf Reliefmedaillons versammelt. Die Seitenschiffkapellen dagegen wurden größtenteils im 16. Jh. gestaltet. Unter ihnen ragt vor allem die vierte Kapelle des nördlichen Seitenschiffs hervor. Sie wurde von Gaudenzio Ferrari, dem bedeutendsten Renaissancemaler des Piemont, ausgemalt. Die Passionsfresken aus dem Jahre 1540 sind durchdrungen von einer für Ferrari typischen Menschlichkeit, mit der er, geschult an Leonardo da Vinci und Raffael, seine Figuren beseelt.

CAPPELLA DELLA MADONNA DELLE GRAZIE UND KLEINER KREUZGANG

Das Altarbild »Gnadenmadonna mit der Familie Vimercati« (15. Jh.), das als wundertätig verehrt wird, schmückt die **Cappella della Madonna delle Grazie.** Nordöstlich des Chors schließt sich der **Kleine Kreuzgang** an, der in seiner formvollendeten Schlichtheit Bramante zugeschrieben wird. Vom Kleinen Kreuzgang aus erschließt sich eindrucksvoll die Genialität des Baumeisters, wenn der Blick auf die Pracht des Ostbaus und die kleine Sakristei fällt, die Bramante so harmonisch in die Anlage des Kreuzgangs integrierte. Erst 1984 entdeckte man hier einen Sgraffitodekor.

DA VINCIS »ABENDMAHL« 10

Der **Große Kreuzgang** von Solari wurde während eines Bombenangriffes 1943 vollständig zerstört, aber originalgetreu wieder aufgebaut. Auch das Refektorium verwandelte die Bombennacht vom 15. zum 16. August 1943 in einen Schutthaufen, und es grenzt wohl an ein Wunder, dass die Wand mit dem **Cenacolo Vinciano,** Leonardo da Vincis weltberühmten »Abendmahl«, standhielt. Vorsorglich hatte man sie allerdings mit schweren Sandsäcken abgestützt, sonst wäre wohl das Meisterwerk für immer verloren gegangen.

Leonardos Gemälde war jedoch schon seit seiner Entstehung 1497 vom Verfall bedroht. Böse Zungen sprechen von einer hochrestaurierten Ruine, denn bereits Vasari konnte bei seinem Besuch in Mailand 1566 nur mehr unidentifizierbare Farbflecken erkennen, die von einem weißen Schleier überzogen waren.

Leonardos große Experimentierfreudigkeit ließ ihn nicht die übliche Freskotechnik anwenden, sondern die ungewöhnliche Technik der Ölmalerei auf Putz, wofür es keine Erfahrungswerte gab. Diese Technik schien es Leonardo besser zu ermöglichen, der künstlerischen und thematischen Ausdeutung des Themas gerecht zu werden: Den zwölf Jüngern, die sich in Dreier-

LEONARDO DA VINCI

Leonardo da Vincis weltberühmtes »Abendmahl« in Santa Marie delle Grazie

»Der Papst ist mein Hauskaplan, Venedig mein Schatzmeister, der König von Frankreich mein Kurier«, hatte Ludovico Sforza, einer der schillerndsten Herrscher der Renaissance, einst in Bewusstsein seiner Machtfülle geprahlt. Unter der Herrschaft des Fürsten entwickelte sich Mailand zu einer der bedeutendsten und reichsten Städte Italiens. Die besten Künstler der Zeit kamen an seinen Hof, darunter **Leonardo da Vinci,** der 1482 seinem Ruf gefolgt war. Der gebildete, kunstbeflissene und prachtliebende Ludovico Sforza verwandelte Mailand in eine Stadt der Künste. Größte Zierde war dabei Leonardo da Vinci, der 1452 in Vinci bei Empoli geborene Künstler, der in allen Bereichen größtes Talent zeigte. Neben malerischen Aufgaben beschäftigten den Künstler auch bildhauerische und architektonische. Zudem war er Leiter zahlreicher höfischer Feste, beteiligte sich am mondänen Leben des Kreises um Cecilia Gallerani, der Geliebten Ludovicos, er verfasste galante Bilderrätsel und lehrte die lombardischen Mathematiker und Ingenieure die neuesten Erfindungen der Florentiner Renaissance. Trotzdem fand er noch die Zeit, seiner Lehre eine theoretische Grundlage durch Schriften zur Mechanik, zur Perspektive und zur Anatomie zu geben. Doch die Krönung allen lehrbaren Wissens, so Leonardo, sei das künstlerische Werk – sein »Abendmahl« stellt dies außer Zweifel. Leonardos Streben nach Kompositionen mit maßvollen, ruhigen geometrischen Grundformen, etwa des gleichseitigen Dreiecks, bereitete den Stil der Hochrenaissance vor. Leonardo war ein Meister der Raumkonstruktion, in die auch seine Erkenntnisse flossen, die er in seiner Funktion als Wissenschaftler gemacht hatte.

Karte S. 125

gruppen um Jesus scharen, gewann er ein Maximum an innerer und äußerer Bewegtheit ab, die Leonardo wiederum in eine vollendete Ordnung und Symmetrie einfließen ließ.

Wiederholt verkündete Leonardo seinen Grundsatz, dass der Maler den Geist eines Menschen nicht durch die Gesichter, sondern durch Haltung und Bewegung auszudrücken habe. Fragen der Haltbarkeit standen da ganz offenbar beim »Abendmahl« eher im Hintergrund. Vor allem die Feuchtigkeit setzte dem Meisterwerk arg zu, und schon im 16. Jh. waren sichernde Maßnahmen nötig. Mit aufwendigen und nicht unumstrittenen Restaurierungsarbeiten hat man bis Mitte 1999 den Originalzustand so gut wie möglich wiederhergestellt.

Auf etwa 70 % der ursprünglichen Substanz wird das 8,8 m × 4,5 m große Gemälde geschätzt, das sich über die Rückwand des ehemaligen Refektoriums zieht, gleichsam als reale Erweiterung des Raums. Daher entspricht die Lichtführung des Bildes den natürlichen Lichtverhältnissen im Refektorium. Doch aufgrund der unterschiedlichen Höhe des Augenpunktes von Bild und Betrachter sowie durch das monumentale Figurenformat wird sofort Distanz geboten. Leonardo kam es bei seiner Darstellung auf das dramatische Moment des Abendmahls an, auf jenen Augenblick, in dem der in sich ruhende Christus, in dessen Gestalt sich alle Fluchtlinien des Bildes treffen, verkündet, dass ihn einer der anwesenden Apostel verraten werde. In Abwandlung von Vorstudien, die gemäß der Bildtradition Judas vor dem Tisch zeigen, wird der Verräter jetzt der Apostelgruppe eingegliedert.

Die Interpretationen dazu sind ungezählt. Eine der spektakulärsten greift Bestsellerautor Dan Brown in seinem Historienthriller »Sakrileg – The Da Vinci Code« auf. Danach stellt die Figur rechts von Jesus seine Gemahlin Maria Magdalena dar.

Mehr auf die Ewigkeit bedacht war Giovanni Donato da Montorfano, der 1495 *al fresco* an der Südwand des Refektoriums eine große **Kreuzigungsszene** malte, die bis heute gut erhalten ist. Leonardo da Vinci fügte kaum sichtbar die Figuren Ludovico il Moros und seiner Familie ein

INFO

»Das Abendmahl« kann Di–So 8.30 bis 19.15 Uhr besichtigt werden (letzter Einlass 18.45 Uhr). Eine Vorabreservierung unter Tel. 02 92 80 03 60 oder www.cenacolo.it (auch auf Englisch) ist obligatorisch, und zwar mindestens 2 Wochen im Voraus, für einen Wochenendbesuch sogar mindestens 6 Wochen. Eintritt ab 10 €, mit Vorverkaufsgebühr 120 €.

BAR

Bar Magenta C5

Hier kann man den Kunstgenuss für einen Cocktail mit Häppchen und Snacks unterbrechen. Bei Jugendlichen ist die Bar auch ein beliebter Abendtreff.

- Via Giosuè Carducci 13
  www.barmagenta.it
  tgl. 7.00–2.30 Uhr, Fr u. Sa durchgehend

MUSEO NAZIONALE DELLA SCIENZA E DELLA TECNOLOGIA LEONARDO DA VINCI 2 B5–B6

Über die Via Zenale gelangt man zum ehemaligen Kloster San Vittore aus dem 16. Jh., in dem heute zwei Museen untergebracht sind. Das bedeutendste ist das Museo Nazionale della Scienza e della Tecnologia Leonardo da Vinci. Die umfangreiche Sammlung schlüsselt die Geschichte der Industrie sowie der technischen Errungenschaften auf und würde wohl nur bei passionierten Technikern und Ingenieuren auf dem Programm stehen, wenn nicht die Galleria di Leonardo mit zahl-

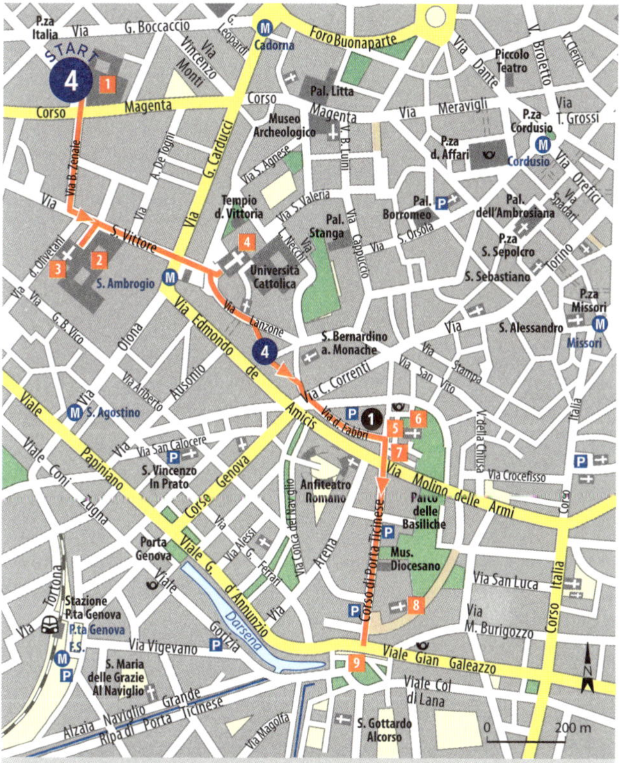

TOUR DURCH MAGENTA & SANT'AMBROGIO

TOUR 4

ZU MAILANDS ÄLTESTEN KIRCHEN

1 Santa Maria delle Grazie
2 Museo Nazionale della Scienza
3 San Vittore
4 Sant'Ambrogio
5 Colonne di San Lorenzo
6 San Lorenzo Maggiore
7 Porta Ticinese medievale
8 Sant'Eustorgio
9 Porta Ticinese

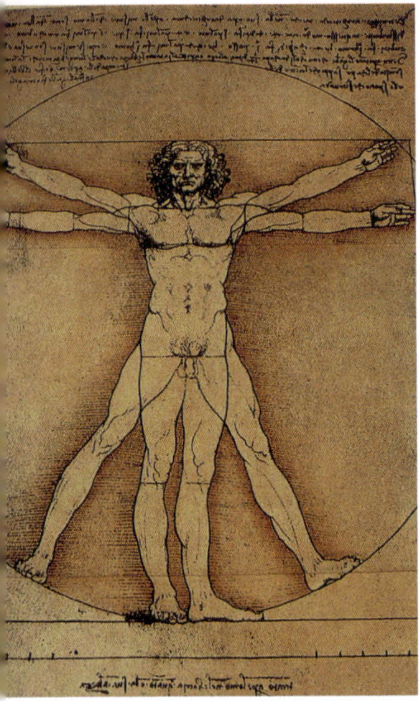

Berühmte Studie von Leonardo im Museo della Scienza

reichen Zeichnungen, Plänen, Maschinen und Instrumenten des genialen Erfinders und Renaissancekünstlers aufwarten würde.

Leonardo suchte Zeit seines Lebens als Naturforscher ein enzyklopädisches Wissen mit den Mitteln der Erfahrung und des Experiments zu gewinnen – seinem Genius entsprechend machte er dabei seiner Zeit weit vorauseilende Beobachtungen. Wie anders sollte man das Genie Leonardos darstellen als in einer überlebensgroßen Gestalt des Künstlers, die alles in Augenschein nimmt. Dem kuriosen Museum mit seinen Abteilungen – Physik, Telekommunikation, Technologie und Transportwege –, zwischen die sich Musikinstrumente, Goldschmiedearbeiten oder Kutschen mischen, sind auch eine umfangreiche technische Bibliothek sowie ein Zentrum für Experimentalphysik angeschlossen (Via San Vittore 21, Tel. 02 48 55 58, www.museoscienza.org; Di–Fr 10 bis 18, Sa, So 10–19 Uhr, 10 €).

Das Museum besitzt auch eine Schifffahrtsabteilung mit Modellen, darunter die »Santa Maria« von Christoph Kolumbus, nautischen Instrumenten und Waffen. Das interessanteste Exponat der Sammlung ist das U-Boot »S-506 Enrico Toti«, das man, auch im Rahmen einer Führung, von Innen besichtigen kann (Ticket-Reservierung Tel. 02 48 55 53 30; Di–Fr 10–17, Sa/So 10–18.30 Uhr, 8 € zus. an der Kasse, 10 € zus. bei Vorbestellung).

SAN VITTORE 3 B6

Die benachbarte Kirche gehörte zur Klosteranlage; sie ist ein Werk des Baumeisters Galeazzo Alessi, der sie 1560 an der Stelle einer romanischen Basilika aus dem 8. Jh. errichtete. Einen Blick ins Innere lohnt sich vor allem wegen des prachtvollen Chorgestühls (Mo–Do 7.30–12, Mo, Di, Do auch 15.30–18.30, Fr–So 8–17.30 Uhr).

BASILICA DI SANT' AMBROGIO 4 11 C5–C6

Dem monumentalen Komplex verleiht die erdverbunde Wärme des roten Backsteins Ehrwürdigkeit. Für viele Mailänder ist nicht der Dom mit seinen nahezu protzigen

Ausmaßen, der dennoch so verloren auf dem weiten Domplatz thront, das Zentrum Mailands, sondern die alte Basilika ihres Schutzpatrons, des hl. Ambrosius. Er wurde als Sohn eines römischen Verwaltungsbeamten um 340 in Trier geboren, kam nach Mailand und wurde 374 zum Bischof der Stadt gewählt. Die dicke Eisenkette in Sant'Ambrogio, mit der das Hauptportal von innen verhangen ist, gilt gleichsam als Sinnbild seines Widerstandes gegen Kaiser Theodosius. Als sich das Volk von Thessaloniki gegen die kaiserliche Autorität auflehnte, schwor Theodosius blutige Rache, entgegen seiner Zusage, die Stadt zu schonen. Unter dem Vorwand, Wettkämpfe veranstalten zu wollen, lockte er die Menschen in den Zirkus und ließ sie umbringen. Die Nachricht vom Gemetzel drang bis zu Ambrosius nach Mailand, und als Theodosius zurückgekehrt war, verweigerte ihm der Bischof mittels der Kette den Zutritt zum Gotteshaus.

Viele Legenden ranken sich um seinen Namen. Für Mailand ist jene vom Bienenschwarm, der Ambrosius als Kind in der Wiege umschwirrte, ohne ihn zu verletzen, in künstlerischen Darstellungen besonders typisch. Die Bienen träufelten Honig in seinen Mund und schenkten ihm so die »honigsüße« Sprache seiner späteren Schriften, Hymnen und des ambrosianischen Gesangs.

BAUGESCHICHTE

Ende des 4. Jhs. ließ Ambrosius eine Säulenbasilika zu Ehren der Gebeine der Märtyrer Gervasius und Protasius bauen. Vom Ursprungsbau blieb jedoch nichts erhalten, 1196 stürzten Teile des Mittelschiffs ein, deren Rekonstruktion die Baumaßnahmen vorerst beendete. Später wollte Ludovico il Moro die Prinzipien der Renaissancearchitektur in

Romanische Kapitellplastik in der Basilica di Sant'Ambrogio

der Kirche verwirklicht sehen und beauftragte Bramante mit der Errichtung des Konventsgebäudes, der Canonica und der beiden Kreuzgänge. Die einst so kraftvolle Formensprache wurde immer mehr verfälscht, und als Federico Borromeo 1630 den Baumeister Francesco Maria Richini mit einer barocken Umgestaltung betraute, war der originale Geist der Basilika verloren.

Ab Mitte des 19. Jhs. versuchte man, den romanischen Originalzustand des bedeutendsten Sakralbaus der lombardischen Romanik so gut wie möglich zu rekonstruieren.

AUSSENARCHITEKTUR

Durch ein Tor gelangt man in den strengen Innenhof, den hohe Pfeilerarkaden säumen und der den Blick auf die Rundbögen der Fassade freigibt, hinter der kraftvoll die beiden Glockentürme aufragen. Der rechte, niedrige **Campanile dei Monaci** (Mönchsturm) stammt aus dem 9. Jh., der hohe, stark rhythmisierte romanische **Campanile dei Canonici** (Domherrenturm) geht aufs 12. Jh. zurück. Das Hauptportal zieren lombardische Flechtbänder. Tierfratzen an den Säulen schaffen eine unheimliche Atmosphäre.

DAS MITTELSCHIFF

Infolge der schweren, gedrückten Gurtbögen, die die Kreuzrippengewölbe trennen, ist der Innenraum von dämmriger Feierlichkeit. Durch die Emporen über den niedrigen Seitenschiffen wird der gedrungene Raumeindruck noch gesteigert. › mehr S. 16 Punkt 24

Links vor der Vierung sieht man im Mittelschiff den **Pergamo,** die Marmorkanzel. Sie erhebt sich auf zierlichen Säulen über dem berühmten **Stilicho-Sarkophag,** in dem ein Ehepaar aus dem 4. Jh. seine letzte Ruhe gefunden hat. Im Chor steht der **Ciborio**, ein auf vier römischen Säulen ruhender Altarbaldachin aus dem 10. Jh., der mit Stuckreliefs geschmückt ist. Christus zwischen Petrus und Paulus im

AMBROSIUS UND DER TEUFEL

Der heilige Mailänder Bischof und Schutzpatron hatte es nicht nur mit skrupellosen und brutalen Machthabern zu tun, sondern sogar mit dem Teufel. Als Ambrosius eines Tages in sein Gebet vertieft war, erschien der Satan, um ihn in Versuchung zu führen. Ambrosius jedoch soll sich kämpferisch auf den Teufel gestürzt und ihn im wahrsten Sinne des Wortes zur Hölle geschickt haben. Dabei musste der Satan seine beiden Hörner zurücklassen, die der Legende nach die zwei Löcher in der *Colonna del diavolo*, einer römischen Säule nahe dem Tempio della Vittoria, verursacht haben. Die »Teufelssäule« spielte in der Geschichte fortan als sichtbares Siegeszeichen über das Böse eine große Rolle, und die deutschen Kaiser kamen vor ihrer Krönung in Sant'Ambrogio hierher, um die Löcher zu küssen.

Westen entsprechen dem hl. Ambrosius mit Gervasius und Protasius im Osten. Im Süden ist der hl. Benedikt dargestellt, im Norden die hl. Thekla, beide Heilige sind flankiert von zwei Königen bzw. Königinnen.

Der Baldachin birgt den berühmten **Paliotto,** den »Goldaltar«, der mit Reliefs aus zum Teil vergoldetem Silber verkleidet ist, die Darstellungen aus dem Leben Christi und des hl. Ambrosius zeigen. Meister all dieser künstlerischen Pracht war Volvinius, der den Paliotto um 835 im Auftrag des Erzbischofs Angilbertus II. anfertigte. Auf der Rückseite hält ein Relief den Moment fest, in dem Angilbertus den fertigen Altar an den Kirchenstifter übergibt.

SEITENSCHIFFE, GRABKAPELLEN, VORHALLEN

Rechts vom Presbyterium gelangt man nach Zahlung eines Obolus zur Grabkapelle **San Vittore in Ciel d'Oro,** einem quadratischen Raum mit kleiner Apsis, der mit wunderschönen Mosaiken aus der zweiten Hälfte des 5. Jhs. geschmückt ist. In einem Nebenraum sind Messkelche und Goldschmiedearbeiten ausgestellt.

Eine Tür im linken Seitenschiff führt zu einer feierlichen Vorhalle, zum **Portico della Canonica.** Sie wurde 1492–1499 von Bramante in der für ihn typischen Klarheit der Formen errichtet. Ungemein eindrucksvoll ist die Kirche, wenn ein Gottesdienst am Goldenen Altar

Relikte des Bischofs und Schutzpatrons Ambrosius in der Basilica di Sant'Ambrogio

zelebriert wird. Dann kann man sich für einen Augenblick ins Mittelalter versetzt fühlen – besonders dann, wenn ihn die Mönche auf Latein zelebrieren.

INFO

Basilika-Öffnungszeiten Mo–Sa 7.30–12.30 u. 14.30–19, Sa 7.30–13 u. 15–20 Uhr; sonn- und feiertags wird um 11 Uhr eine lateinische Messe abgehalten; Informationen und weitere Zeiten für Messen unter www.basilicasantambrogio.it.

TEMPIO DELLA VITTORIA C5

Gleich neben Sant'Ambrogio bietet der Tempio della Vittoria (erbaut 1927–1930) ein kaum größer vorstellbares Kontrastprogramm zur Basilika. Die protzige Anlage des Ehrenmals für die Gefallenen des Ersten Weltkriegs versucht, durch martialische Formen zu beeindrucken.

COLONNE DI SAN LORENZO 5 C6

Über die schmale und ruhige Via Caminadella, die rechts von der Via Lanzone abzweigt, gelangt man zum Corso Porta Ticinese mit den Colonne di San Lorenzo. Sie muten eher wie Filmrequisiten an, diese 16 römischen Säulen, die sich mächtig auf dem Kirchenvorplatz erheben. Man mag ein historisches Schauspiel mit Kaiser Konstantin erwarten, der gleich nebenan hoch zu Ross in Bronze gegossen ist. Doch die Colonne di San Lorenzo am Corso di Porta Ticinese sind keine Requisiten, sondern marmorne Stützen eines leider nicht überlieferten Baus aus der Kaiserzeit des 2. oder 3. Jhs.

Bereits im 4. Jh. hatte man sich antiker Gebäude relativ großzügig als Bauteillager oder Steinbruch bedient, der Gedanke an Überlieferung oder Konservierung alter, vorangegangener Architekturen war dieser Zeit noch fremd. So wurden denn auch die Säulen hierher versetzt, um einer frühchristlichen Kirche ein Atrium zu verleihen. Heute sind die Säulen ein beliebter Treffpunkt der Mailänder Jugend. Wo überall in Italien die Piazza eine Rolle spielt, ist es in Mailand die Colonne di San Lorenzo – ein kleines Zentrum öffentlichen Lebens, ein Forum für Gespräche, Klatsch und Tratsch, ein Dreh- und Angelpunkt für die Leute aus dem Viertel.

So wie die Säulen war einst auch die **Piazza Vetra** hinter der Basilika San Lorenzo Maggiore der alternativen Bewegung ein offener *salotto*, aber dann vertrieb das Heroin den Charme und verwandelte die Piazza in einen üblen Drogenumschlagplatz. Dabei ist es wohl nur eine makabre Parallele der Geschichte, dass der Platz bis 1814 als Hinrichtungsstätte diente. Hier stand die berüchtigte *Colonna infame*, deren Geschichte in Manzonis Roman »Die Verlobten« episch ausgeführt wird.

SAN LORENZO MAGGIORE 6 C6

Die großartige Kirche wird von einer mächtigen, doch nahezu leicht anmutenden Renaissancekuppel bekrönt. Nach Westen präsentiert sie sich mit einer prachtvollen histo-

San Lorenzo Maggiore mit der Bronzestatue Kaiser Konstantins

risierenden Fassade, die dem ursprünglichen Bau vorgeblendet ist. Nähert man sich der Kirche von Osten durch den kleinen Park, so erkennt man noch Teile des Kernbaus, der auf das 4. Jh. zurückgeht.

San Lorenzo Maggiore, die älteste Kirche Mailands, erhebt sich über einem Zentralgrundriss und ist gleichsam eine Mustersammlung von Zentralbauformen, die trotz vieler Restaurierungen und späterer Veränderungen nahezu vollständig erhalten blieben. Die Kirche ist wahrscheinlich 355 als arianische Basilika entstanden und erst seit Ambrosius dem katholischen Ritus geweiht. Im 11. und 12. Jh. brachten Brände das Gewölbe zum Einsturz, das in der Romanik wiedererrichtet wurde. 1573 brach auch die achteckige Kuppel über dem zweigeschossigen Tambour von San Lorenzo zusammen, und Martino Bassi wurde mit dem Wiederaufbau beauftragt. In den Formen der Spätrenaissance krönte der Baumeister die Kirche mit einer majestätischen Kuppel, die souverän die Silhouette der Straßenzüge beherrscht.

DIE KAPELLEN

Der feierliche achteckige Innenraum ist von einem geheimnisvollen Zwielicht erhellt. Die zweigeschossigen Exedren, Räume über halbkreisförmigen Grundrissen, die nach außen ausschwingen, bilden im Innern eine Art von Umgang mit Emporen, die abwechselnd von vier runden und vier achteckigen Säulen getragen werden. Hinter dem

Hochaltar, den ein Fresko der Madonna mit dem Kinde schmückt, liegt die **Cappella Sant'Ippolito,** die etwa um 500 entstanden ist.

Im Süden schließt sich die **Cappella Sant'Aquilino** an, die man durch ein Portal und über ein Atrium erreicht, das noch Fresken zur Kreuzigung aus dem 14. Jh. birgt. Darüber hinaus haben sich hier auch Reste von Mosaiken aus dem 4. Jh. erhalten, Bilder aus unzähligen farbigen Glassteinchen, die den Triumph der Christenheit über den Geist der Antike feiern. Abgebildet sind die zwölf Stämme Israels sowie die zwölf Apostel.

Von der Vorhalle führt ein römisches Portal, das wiederum mit Darstellungen von Zirkusspielen geschmückt ist, in den oktogonalen Raum der Taufkapelle. In den beiden hinteren Nischen erstrahlen in altem Glanz Mosaiken aus dem 4. Jh. In dem silbernen Sarg werden die Gebeine des hl. Aquilinus bewahrt.

Eine Treppe neben dem Sarg führt hier in die Vergangenheit eines frühen römischen Gebäudes, das aus dem 2. Jh. v. Chr. stammt und von dem man noch einige Mauerreste sehen kann. Der Marmorsarkophag aus dem 5. Jh. rechts neben dem Aquilinus-Grab war der Überlieferung nach für Galla Placidia bestimmt, die unglückliche Tochter des Kaisers Theodosius.

AUF DEN EMPOREN DER BASILIKA

Folgt man der Treppe hinauf zu den Emporen des Zentralbaus der Basilika, findet man weitere Fresken aus dem 4. und 5. Jh. Die dritte Kapelle San Lorenzos im Norden ist San Sisto geweiht und mit Fresken aus dem 17. Jh. geschmückt. Als mustergültiger Zentralbau wirkte San Lorenzo lange Zeit beispielgebend in Italien (z. B. für San Vitale in Ravenna) und auch nördlich der Alpen (www.sanlorenzomaggiore.com; Mo–Sa 8 bis 18.30, So 9–19 Uhr).

PORTA TICINESE MEDIEVALE 7 C6

Das mächtige Tor, das den Corso nahe der Kirche überspannt, gab dem ganzen Viertel südwestlich des Doms seinen Namen. Es gehörte zur mittelalterlichen Befestigungsanlage um Mailand, die nach dem zerstörerischen Angriff Barbarossas im Jahre 1171 zum Schutz der Stadt errichtet worden war.

Die Porta Ticinese war das wichtigste Tor in der Stadtmauer – dem Ankömmling von Südwesten präsentierte sich Mailand hier von seiner schönsten Seite. Alle bedeutenden Herrschergestalten des Mittelalters zogen durch diesen Bogen in die Stadt ein. Und bis heute muss jeder neue Erzbischof durch die Porta Ticinese auf den Mailänder Dom zuschreiten.

Das Relief, das der pisanische Künstler Giovanni di Balduccio 1330 im Rahmen von Vergrößerungsarbeiten an der Außenseite des Torbogens anbrachte, zeigt die thronende Madonna, um die sich die Heiligen Lorenzo, Eustorgio und Petrus Martyr scharen, daneben kniet der hl. Ambrosius und präsentiert ein Stadtmodell.

ZWISCHENSTOPP: RESTAURANT

Ristorante Rugatino €€ 1 C6
Schmuckes Restaurant im Säulengang von San Lorenzo, hier hat man sich – passend zur Entstehungszeit der Säulen – der römischen Küche verschrieben: und die ist schön pikant; gute Weine aus Latium gibt es auch.

- Via dei Fabbri 1 | Tel. 02 89 42 14 04
  www.rugantinomilano.com
  Di–So 12–15 u. 19–24 Uhr, Mo nur abends

SHOPPING

Die Gegend um die Porta Ticinese ist reich an Trödelläden und schrillen Designerläden – vor allem für Jugendliche und Studenten ein ideales Einkaufsterrain für den etwas schmaleren Geldbeutel. Vom **Corso di Porta Ticinese** erreicht man weiter südwärts die kleine lauschige **Piazza Sant' Eustorgio**, wo kleine Läden zum Shoppen locken.

Travi Borse C6
Seit 1992 werden in dem Lederwarengeschäft qualitativ hochwertige Taschen – auch nach Kundenwünschen – in Handarbeit hergestellt.

- Corso Porta Ticinese 30
  Tel. 02 89 40 42 02
  Mo–Fr 9.30–19.30, Sa 10.30–19.30 Uhr

BASILICA DI SANT'EUSTORGIO 8 C7

Der imposante Backsteinbau ist nach Sant'Ambrogio die bedeutendste mittelalterliche Kirche Mailands. Man erreicht die Basilika Sant'Eustorgio, wenn man entweder durch die Porta Ticinese oder einfach durch den Parco delle Basiliche geht. Ihre Geschichte führt zurück ins 4. Jh., als der aus Griechenland stammende Bischof Eustorgios eine

Die Porta Ticinese medievale bildet das mittelalterliche Entree der Stadt

kleine Kapelle ausbauen ließ. Der Überlieferung nach lagen hier die Reliquien der Heiligen Drei Könige, die Kaiser Konstantin aus Byzanz überführte und dem Bischof zum Geschenk machte. Nach der Eroberung Mailands im 12. Jh. kamen die Gebeine dann 1164 nach Köln in den Dom. Ein Teil der kostbaren Reliquie wurde allerdings 1903 wieder zurückgegeben und wird nun in einer modernen Urne in der Cappella dei Magi rechts vom Presbyterium aufbewahrt. Ein romanischer Neubau Sant'Eustorgios ist bereits in der ersten Hälfte des 11. Jhs. überliefert. Ihn zerstörte allerdings Barbarossa bis auf die Grundfeste. Lange Zeit lebten die Mailänder fortan mit den Ruinen, bis die Kirche 1220 in den Besitz der Dominikaner kam. Sie bauten sie wieder auf, allerdings mit vielen Veränderungen. 1297 wurde der Basilika der *Campanile*, der Kirchturm, zur Seite gestellt, der mit 75 Metern der höchste von Mailand ist. Auch wurden erste Grabkapellen für das Mailänder Patriziat angefügt.

Die Basilika scheint gleichsam die Mailänder Tradition für prunk- und prachtvolle Grablegen zu begründen, wie sie sich später auf dem Cimitero Monumentale › S. 114 fortsetzt. Die einzelnen Kapellen jedenfalls sind mit unzähligen kunsthistorischen Kostbarkeiten geschmückt. Giovanni di Balduccio gestaltete das majestätische Wandgrab für den 1327 verstorbenen Stefano Visconti in der vierten Kapelle, die auch ein Fresko des »Heiligen Georg mit der Prinzessin« bewahrt, das in seiner feinen Linienführung und Farbigkeit ein Meisterwerk lombardischer Malerei aus dem 14. Jh. ist.

CAPPELLA DEI MAGI

In der Cappella dei Magi im südlichen Querhaus sollen die Gebeine der Heiligen Drei Könige vor ihrer Überführung nach Köln aufbewahrt worden sein. Man sieht noch den imposanten spätrömischen Giebelsarkophag, in dem die Reliquien von Byzanz (Konstantinopel, dem heutigen Istanbul) nach Mailand gebracht wurden. Das Triptychon zeigt Reliefs zur Geschichte der Heiligen Drei Könige.

CAPPELLA PORTINARI

Die schönste der Kapellen ließ sich der florentinische Bankvertreter Pigello Portinari als **Grablege** 1462 bis 1468 errichten. Sie ist ein Meisterwerk der in lombardische Bauformen übersetzten Florentiner Renaissance und knüpft an die Frührenaissance Brunelleschis an. Portinari arbeitete zwar in Mailand, doch künstlerisch schien er mehr den Toskanern zu vertrauen, und so holte er den Pisaner Baumeister Giovanni di Balduccio in die lombardische Kapitale. Bei dem Bau hatte Pigello Portinari nicht nur eine eigene Grablege vor Augen, er wollte auch dem Dominikaner Pietro da Verona ein Denkmal setzen.

Der Mönch, der in der Lombardei und in der Toskana als strenger Inquisitor tätig war, wurde 1252 von einem Katharer getötet und bereits ein Jahr später als Petrus Martyr heiliggesprochen. Pietro da Verona galt als einer der grausamsten Verfolger der Katharer, einer religiösen Glaubensgruppe, nach deren Lehre dem guten Gott der böse Teufel als Weltschöpfer gegenüberstand. Die damit von ihrem Ursprung her böse Welt versuchten die Katharer durch strenge Askese zu überwinden. Im Mittelalter galten sie als gefährliche Ketzer und waren den blutigen Verfolgungen der Inquisition ausgesetzt.

Das prunkvolle **Marmorgrab** von Petrus Martyr in der Mitte der Kapelle gerät vor diesem Hintergrund zum eigentümlichen Denkmal der grausamen Vernichtung Andersdenkender. Der Auftraggeber Portinari hatte natürlich anderes im Sinn. Er wollte sich mit der engen Nachbarschaft der beiden Grablegen bis weit über seinen Tod hinaus schmücken.

Doch nicht die Ruhestätte neben dem Heiligen adelt ihn, sondern der glanzvolle Raum des Florentiner Baumeisters Michelozzo: Ein Gebälkfries mit Cherubimköpfen umzieht den Hauptraum und den anschließenden Chor, und ein Reigen bunt bemalter, tanzender Engel schmückt den Kuppeltambour. Die in strenger Würde gehaltenen Fresken, die Szenen aus dem Leben des hl. Petrus Martyr erzählen und die Thematik der Verkündigung aufgreifen, schuf der Brescianer Meister Vincenzo Foppa. Seine weiche, malerische Auffassung der Gegenstände deutet auf den Einfluss der venezianischen Malerei hin. In der Mitte des Raumes tragen acht Karyatiden den Sarkophag des Heiligen. Er ist mit Reliefs geschmückt, die die Strenge Martyrs gegenüber sich selbst und anderen glorifizieren.

MUSEO DIOCESANO MILANO

Seit 2001 befinden sich in den ehemaligen Klostergebäuden bei der Basilika die Kunstsammlungen der Diözese Mailand. Es werden Schätze aus den Kirchen Mailands, aber auch Sammlungen von Privatleuten präsentiert. Der Bogen spannt sich von spätantikem Silber über hochmittelalterliche Stuckplastik bis zu Gemälden unserer Zeit. Wechselnde Ausstellungen präsentieren bedeutende Künstler verschiedener Epochen, die sich mit biblischen Themen und Motiven auseinandergesetzt haben. Ein besonderes Glanzstück sind Fragmente einer geschnitzten Holztür aus dem 4. oder 5. Jh., die aus Sant'Ambrogio stammen (Corso di Porta Ticinese 95, www.museodiocesano.it; Di–So 10–18 Uhr, 6 €).

PORTA TICINESE 9 C7

Als »schön, ohne von der Antike kopiert zu sein«, befand Stendhal im 19. Jh. bei seiner Oberitalienreise die zweite Porta Ticinese, die den Corso beschließt. Der dem Frieden geweihte Triumphbogen entstand in den Jahren 1801 bis 1814 nach dem Sieg Napoleons bei Marengo. Er markierte die Stadtgrenze, die sich im Vergleich zur Porta Ticinese medievale › S. 132 bei San Lorenzo › S. 130 beachtlich verschoben hatte.

DIE NAVIGLI

Konzert der besonderen Art – eine Band spielt auf einem Floß am Naviglio Grande

Karte S. 138

An den Kanälen, noch erhaltene Reste des bis Pisa reichenden Wasserstraßensystems, herrscht abends das pralle Leben. Hierhin geht man zum Bummeln und Essen und genießt das kleinstädtische Flair. Schön ist auch eine Kanalfahrt durch das Viertel.

Wer kulturelle Highlights sucht, der wird von der Gegend enttäuscht sein. Wer sich aber gern an lauen Abenden durch enge Gassen treiben lässt, gern in italienische Geselligkeit eintaucht und offen ist für die Romantik eines mitternächtlichen Spaziergangs entlang eines Kanals, auf dessen Wasseroberfläche Lichter tanzen, der ist hier genau richtig.

Aber auch tagsüber sind die Navigli mit ihren vielen interessanten Läden und ihrem kleinstädtischen Flair einen Besuch wert.

TOUR ENTLANG DER NAVIGLI

TOUR 5

MAILANDS MALERISCHE KANÄLE

VERLAUF: Darsena > Naviglio Grande > Naviglio Pavese

KARTE: Seite 138
DAUER: ca. 1–1 1/2 Std.
PRAKTISCHE HINWEISE:

- Die Navigli erreicht man mit der Metro Ⓜ 2, Station Porta Genova, von dort über die Via Vigevano.
- Den Spaziergang sollte man am besten am späten Nachmittag beginnen, wenn die Läden noch geöffnet, die Bars aber auch schon auf die ersten Gäste warten.
- Informationen zu Märkten und Events: www.navigliogrande.mi.it.

Hier wird Mailand fast zum Dorf. Bei gutem Wetter stellen die Lokale Tische und Stühle ins Freie, Blumen schmücken die Ufer der Kanäle, Passanten bummeln entspannt am Wasser entlang. Am lebhaftesten ist es am Samstag. Dann sind Restaurants und Bars überfüllt, weshalb man entweder frühzeitig kommen oder vorab reservieren sollte. Sonntags dagegen haben viele Lokale geschlossen.

TOUR-START: DARSENA 1 12 C6–C7

In der Darsena enden der Naviglio Grande und Pavese, und auch der Fluss Olona ergießt sich (aus seinem heute überbauten Flussbett) in das Becken. Die Kanäle dienten zunächst dazu, das sumpfige Umland Mailands trockenzulegen. Ab dem 13. Jh. wurden sie dann durch Verbreiterung schiffbar gemacht und bis nach Mailand hinein verlängert.

Auf ihnen wurden auf flachen Lastkähnen Waren in die Stadt gebracht. Von der Darsena gingen weitere Kanäle aus, die die ganze Stadt durchzogen – bis auf kleine Reste sind sie heute verschwunden.

Sehr eindrucksvoll ist die Abendstimmung am Hafenbecken, wenn sich die Lichter auf der Wasseroberfläche spiegeln. Ein Highlight an der Darsena ist am letzten Sonntag jeden Monats (außer Juli) der große Antiquitätenmarkt **Mercatone dell' Antiquariato** > S. 44.

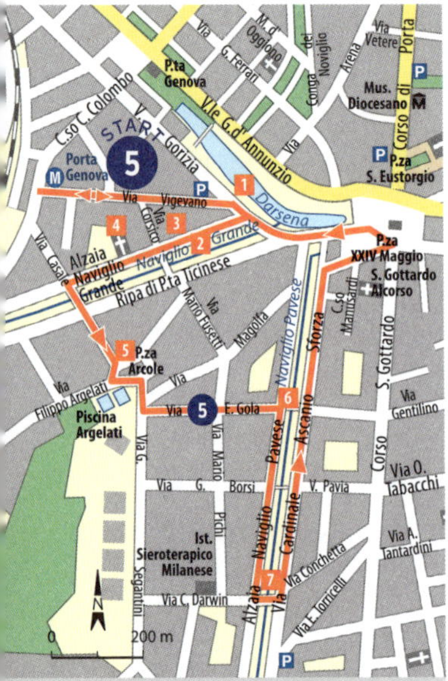

TOUR ENTLANG DER NAVIGLI

TOUR 5

MAILANDS MALERISCHE KANÄLE

1 Darsena
2 Alzaia Naviglio Grande
3 Vicolo dei Lavandai
4 Santa Maria delle Grazie al Naviglio
5 Piazza Arcole
6 Alzaia Naviglio Pavese
7 La Conchetta

AM NAVIGLIO GRANDE

Eher ruhig geht es am Naviglio Grande zu. Der 50 km lange Kanal verbindet Mailand mit dem Fluss Ticino, der über den Po den Warentransport bis zur Adria hin ermöglichte. Dem Naviglio Grande kam auch beim Dombau entscheidende Funktion zu, da der gesamte Marmor von den Steinbrüchen bei Candoglia in den Piemonteser Alpen auf dem Kanal transportiert wurde.

Auf beiden Seiten des Kanals, an der **Alzaia Naviglio Grande** 2 und an der **Ripa di Porta Ticinese,** findet man noch die zwei- bis dreistöckigen Handwerkerhäuser, die einst das Bild der Gegend bestimmten.

Etwa 100 m von der Darsena entfernt, zweigt rechts von der Alzaia Naviglio Grande der **Vicolo dei Lavandai** 3 ab. Unter den Holzdächern knieten noch bis zum Zweiten Weltkrieg die Frauen, um die Wäsche zu waschen.

An der nüchternen Fassade der neogotischen Kirche **Santa Maria delle Grazie al Naviglio** 4 vorbei wechseln Sie die Kanalseite über den Eisensteg **Pont de Ferr.**

SHOPPING

Vintage Shop B7
Mode und Accessoires v. a. aus den 1970er-, einiges auch aus den 1980er-Jahren.

- Alzaia Naviglio Pavese 52
  www.facebook.com/sous.vintageshop
  Di–Do 11–20, Fr/Sa 11–22, So 15.30–20 Uhr

Libraccio C7

Ein Paradies für Bücherfreunde.

- Via Corsico 9 | negozi.libraccio.it
  Mo–Sa 10–24, So 10–13, 15–19 Uhr

AM NAVIGLIO PAVESE

Vom Pont de Ferr kommt man über die beschauliche **Piazza Arcole** 5 und durch die Via Emilio Gola zum Naviglio Pavese, der nach Pavia führte. Die linke Kanalseite, die **Via Ascanio Sforza,** hat mit ihren Altbauten noch viel vom ursprünglichen Charme des Viertels bewahrt, während gegenüber die **Alzaia Naviglio Pavese** 6 vor allem Häuser der 1950er-Jahre aufweist.

Am Kanal stadtauswärts kommt man auf Höhe der Via Conchetta zur alten Schleuse **La Conchetta** 7, die wieder in Betrieb genommen wurde. Die Hydraulik der Holz-Schleusentore basiert auf einer Erfindung Leonardo da Vincis.

RESTAURANT

Chic'n Quick €€ C7

Claudio Sadler, der Altmeister der italienischen *alta cucina*, bietet in der Trattoria neben seinem Sterne-Restaurant > S. 37 auch kleinere Gerichte.

- Via Cardinale Ascanio Sforza 77
  Tel. 02 89 50 32 22 | www.sadler.it
  Di–Sa 12.30–14.30, 19.30–22.30 Uhr, Mo nur abends

KANALFAHRTEN

Von April bis September kann man die Navigli vom Boot aus erleben, z. B. bei der etwa einstündigen Tour, die am Alzaia Naviglio Grande 4 startet und durch beschauliche Stadtlandschaften bis zur großartigen Kirche San Cristofero führt. Zurück geht es dann durch den Naviglio Pavese (www.viagginobile.com, 14 €; weitere Infos unter www.navigareinlombardia.it oder www.naviglilive.it, beide nur italienisch).

DAS VERLORENE PARADIES DER NAVIGLI

Wer mit den wenigen verbliebenen, alteingesessenen Bewohnern der Navigli spricht, wird die Wehmut bemerken, mit der sie von »der guten alten Zeit« reden, also von der Zeit, als hier eine fast noch dörfliche Idylle herrschte, bevor Mitte der 1980er-Jahre Immobilienspekulanten die Gegend entdeckten.

Wie sich einst das Leben an den Kanälen abspielte, hat der Dramatiker Dario Fo festgehalten: »Der Ring der Navigli wurde strahlenförmig von kleinen Kanälen, die in die Innenstadt führten, durchschnitten. Es gab einen regelmäßigen Bootsverkehr für Waren und Personen von Mailand an den Lago Maggiore, nach Pavia und bis nach Venedig. Auf den Booten, an den Schleusen und in den Wirtshäusern am Kanal hat sich ein buntes Leben abgespielt. Man traf Scharlatane, Glücksritter, Huren, Falschspieler und Geschichtenerzähler. Geblieben sind davon nur noch Straßennamen, Redewendungen, Sprichwörter, einige Lieder und Erzählungen«.

Steigende Mieten verdrängten immer mehr Bewohner. Mit ihnen verschwand auch *el Milanes*, der typische Dialekt – und damit ein Stück altes Mailand.

AUSFLÜGE & EXTRA-TOUREN

Die prächtige Kirche und Kloster-anlage der Certosa di Pavia

Karte S. 142

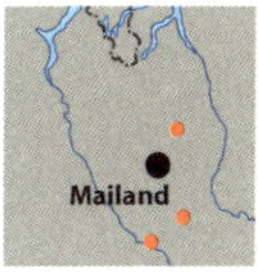

Die Klosteranlage von Pavia ist ein sakrales Highlight Norditaliens. Und Pavia selbst zählt zu den geschichtlich interessantesten Städten der Lombardei. Monza beeindruckt mit seinem gotischen Dom und der Parkanalage der Villa Reale.

AUSFLÜGE

CERTOSA DI PAVIA UND PAVIA

Mailand > Certosa > Pavia

DAUER: 7–8 Std.

PRAKTISCHE HINWEISE:

- Mit dem Auto: auf der SS 35 nach Süden ca. 30 km bis Certosa und weiter bis nach Pavia (ca. 8 km). Mit der Bahn: Züge ab der Stazione Centrale nach Pavia.

CERTOSA DI PAVIA 1

Die Fahrt führt längs des Naviglio Pavese aus Mailand hinaus. Inmitten von Feldern erhebt sich weithin sichtbar die Certosa di Pavia wie ein schneebedeckter Berg. Wer durch die prächtige Toranlage den Vorhof betritt, der wird durch die reich mit Medaillons und Reliefs verzierte Fassade der Klosterkirche **Santa Maria delle Grazie** geblendet.

Der Stifter des Kartäuserklosters, Gian Galeazzo Visconti, wollte hier ab 1390 den Rahmen für eine prächtige Grablege seines Geschlechts schaffen. Aus Geldmangel und Desinteresse seiner Nachfolger vergingen aber 150 Jahre, bis die Anlage vollendet war. Das Innere der Kirche ist schlichter. Glanzpunkt der Ausstattung ist das **Grab für Ludovico il Moro und Beatrice d'Este,** das der Herzog 1497 nach dem frühen Tod seiner Gemahlin bei Cristoforo Solari in Auftrag gab. Über den kleinen Kreuzgang mit seinen aufwendigen Terracottaornamenten kommt man in den **Großen Kreuzgang.** Um eine Freifläche von ca. 80 m × 80 m gruppieren sich die 23 Häuschen, in denen die Kartäuser ihrem frommen Leben in Einsamkeit und Stille nachgingen (Tel. 03 82 93 69 11, www.certosadipavia.com; Di–So 9–11.30, 14.30 bis 16.30, April u. Sept. bis 17.30, Mai–Aug. bis 18, Okt u. März bis 17, Nov.-Febr. bis 16.30 Uhr, Eintritt frei).

PAVIA 2

Pavia blickt auf eine glanzvolle Geschichte zurück. Bereits in römischer Zeit am Zusammenfluss von Po und Ticino gegründet, war es während der Langobardenherrschaft Sitz des Königs. Später wurden hier die deutschen Kaiser zu Königen von Italien gekrönt. 1359 musste sich die Stadt Mailand unterwerfen, wurde aber von den Visconti als Nebenresidenz ausgebaut. Durch die Gründung der Universität im 14. Jh. ist Pavia bis heute ein Zentrum der Bildung.

Einen Rundgang startet man am **Castello Visconteo.** Dort ließen die Mailänder Herzöge nach der Unterwerfung Pavias eine Festung am Altstadtrand errichten. Die imposante Anlage ist nur noch zum Teil erhalten, da sie den modernen Feuerwaffen, die die Franzosen 1525 in der Schlacht von Pavia einsetzten, nicht standhielt. Heute zeigen im Castello die **Musei Civici di Pavia** sehenswerte Sammlungen zu Archäologie und Kunst (www.museicivici.pavia.it; Mo, Mi, Fr 8.30 bis 13.30, Di, Do 8.30–17 Uhr, 18 €).

Über den Viale G. Matteotti und die Via Grizotti erreicht man die romanische Kirche **San Pietro in Ciel d'Oro,** die mit ihrem Namen an den »goldenen Himmel« ihrer Vorgängerkirche erinnert. Die Kirche bündelt ihre monumentale Kraft in einem einfachen Backsteinbau mit einer streng gegliederten Fassade. Im Innenraum erhebt sich über dem Hochaltar die **Arca di Sant' Agostino,** das Grabmal des heiliggesprochenen Kirchenvaters Augustinus. Sie gilt als ein Hauptwerk lombardischer Bildhauerei des 14. Jhs. (tgl . 7.15–12, 15–19 Uhr).

1 Certosa di Pavia
2 Pavia
3 Monza

Der Corso Strada Nuova führt zum klassizistischen Hauptgebäude der **Universität,** deren Gründung ins 14. Jh. zurückreicht. Der Komplex umfasst mehrere Innenhöfe mit Arkaden und Loggien.

Mit der **Basilica di San Michele Maggiore,** die man über die Strada Nuova und den Corso Garibaldi erreicht, besitzt Pavia ein Juwel der Romanik. Sie wurde im 11. Jh. neu errichtet und diente als Krönungskirche. Kaiser Friedrich Barbarossa empfing hier die Krone Italiens. Ihr heller, an manchen Stellen porös gewordener Sandstein trug der Kirche im Volksmund den Namen *chiesa della polenta* ein, da dessen Farbe jener des Maisbreis ähnelt.

Weiter geht es zum **Ponte Coperto,** der überdachten Brücke über den Ticino, die nach der Zerstörung im Jahr 1944 in ihrem mittelalterlichen Aussehen rekonstruiert wurde. Vom anderen Ufer aus hat man einen schönen Blick auf die Stadt, die von der Kuppel des **Doms** dominiert wird, der 1488 begonnen, aber nie fertiggestellt wurde.

Zurück geht es über die **Piazza della Vittoria** mit dem mittelalterlichen **Rathaus.**

INFO

IAT Pavia

- Palazzo del Broletto | Via del Commune 18
  27100 Pavia | Tel. 03 82 39 97 70
  www.visitpavia.com
  März–Okt. Mo–Do 9–13 u. 14-17, Fr 9–13 u. 15–17, Sa/So 10–13 u. 15–18 Uhr

MONZA 3

Mailand > Monza

DAUER: 4–5 Std.

PRAKTISCHE HINWEISE:

- Mit dem Auto ca. 13 km Richtung Norden auf der SS 36. Züge verkehren ab der Stazione Centrale.

Der gotische Dom von Monza

Hauptattraktion Monzas ist der gotische **Dom San Giovanni Battista.** Sein größter Schatz ist die in der reich ausgemalten **Cappella di Teodolinda** (15. Jh.) verwahrte *Corona Ferrea,* die Eiserne Krone der Lombardei. Ihr Name rührt von dem eisernen Reifen im Inneren der Krone her, der aus einem Nagel des Christuskreuzes geschmiedet sein soll. Napoleon krönte sich mit ihr zum König Italiens (www.duomomonza.it; Di–So 9–12, 14–18 Uhr). Auch ein Besuch im **Domschatzmuseum** mit seiner einzigartigen Sammlung frühmittelalterlicher Kunstwerke lohnt (www.museoduomomonza.it; Di–So 9–18 Uhr, 8 €, erm. 6 €).

In unmittelbarer Nähe kommt man zur Piazza Roma mit dem **Arengario,** dem mittelalterlichen Rathaus. In der offenen Halle des Erdgeschosses wurde Markt abgehalten. Am Nordrand des Centro storico befindet sich die **Villa Reale** mit ihrem 700 ha großen Park. Kaiserin Maria Theresia ließ den Komplex für ihren Sohn Ferdinand als Sommerresidenz errichten (www.villarealedimonza.it).

Die Ruhe der Parks wird alljährlich im September unterbrochen, wenn Tausende von Rennsportbegeisterten zur Formel-1-Strecke am Rand des Geländes pilgern. Im **Autodromo** wird auf der 5750 m langen Strecke der Große Preis von Italien ausgetragen. Auch Hobbyrennfahrer können hier ihre Runden drehen (www.monzanet.it).

INFO

IAT Monza

- Piazza Carducci 2 | 20900 Monza
  Tel. 03 93 23 222 | www.turismo.monza.it
  tgl. 9–13 u. 14–18 Uhr

EXTRA-TOUREN

TOUR 6

EIN TAG IN MAILAND

VERLAUF: Santa Maria delle Grazie (»Abendmahl« von Leonardo da Vinci) › Sant'Ambrogio › Peck Feinkost › Piazza del Duomo › Dom › Galleria Vittorio Emanuele II › Scala › Quadrilatero d'oro

KARTE: Faltkarte
DAUER: Gehzeit 5–6 Std.
VERKEHRSMITTEL: Zum Ausgangspunkt der Tour fährt man von der zentral gelegenen Piazza Cordusio (Ⓜ Linie 1) mit der Straßenbahnlinie 16 bis S. Maria delle Grazie. Von der Metrostation Ⓜ Cadorna kann man in knapp einer Viertelstunde zu Fuß zur Basilica di Sant'Ambrogio gelangen. Die Museen sind montags geschlossen, die Kirchen (mit Ausnahme des Doms) meist von 12 bis 15 Uhr.

Die Tour beginnt mit einem der Höhepunkte der Kunstgeschichte: dem **»Abendmahl« von Leonardo da Vinci** › S. 122. Allerdings muss man die Eintrittskarten unbedingt Wochen im Voraus reservieren. Auch ein Blick in die Renaissancekirche **Santa Maria delle Grazie** › S. 120 und in deren Kreuzgang lohnt sich. Von dort schlendern Sie über die ruhige Via Zenale mit ihren großbürgerlichen Mietshäusern und die Via San Vittore, an der sich das **Museo Nazionale della Scienza e della Tecnologia** › S. 125 befindet, zur **Basilica di Sant'Ambrogio** › S. 126. In der Kirche des Stadtpatrons taucht man in die Welt des Mittelalters ein.

Die Via Terraggio bringt Sie zum **Corso Magenta** und damit in die Realität zurück. Folgen Sie diesem Prachtboulevard an alten Palästen vorbei immer geradeaus, bis Sie schließlich über die geschäftige Via Meravigli, vorbei an der Börse, zur **Via Dante** › S. 83 kommen und Richtung Dom weitergehen. Unterwegs lockt in der Via Spadari 9 der Gastronomie-Tempel **Peck** › S. 81. Wenn Ihnen von den auf drei Etagen feilgebotenen Spezialitäten das Wasser im Mund zusammengelaufen ist: In der nahe gelegenen **Peck Italian Bar** › S. 34 in der Via Cantù 3 werden die berühmten Tortellini von Peck mit einem Spitzenwein gereicht, den man auch glasweise bekommt.

So gestärkt geht es weiter zur **Piazza del Duomo** › S. 69. Dort erwartet Sie der strahlend weiße **Dom** (Duomo Santa Maria Nascente) › S. 70, die drittgrößte Kirche der Christenheit. Ein Muss ist der Aufstieg zum Dach der Kathedrale (geöffnet tgl. ab 9 Uhr). Der Blick auf die Stadt ist von dort oben atemberaubend! Wieder unten schlendert man durch die Passage **Galleria Vittorio Emanuele II** › S. 93 mit ihren eleganten Geschäften. Zur Erholung bietet sich die Bar **Camparino** in der Galleria an › S. 94.

Direkt hinter der Galleria befindet sich das weltberühmte Opernhaus Mailands, die **Scala** › S. 94. Gegenüber erhebt sich der verspielte **Palazzo Marino** › S. 96, das heutige Rathaus. Links vorbei an dem Palazzo geht es dann über die Via delle Case Rotte und an der Apsis von **San Fedele** › S. 98 vorbei zur **Piazza Meda**. Die dort links abzweigende Via Verri ist das Tor zum Modemekka des **Quadrilatero d'oro** › S. 92, in dem ein ausführlicher Bummel lohnt. Die Via Verri geht in die Via Sant'Andrea über, und an deren Ende biegen Sie links in die Via della Spiga ein. Über die Via Gesù oder die Via Santo Spirito kommen Sie dann auf die **Via Monte Napoleone** › S. 101. An deren Ende bringt Sie die Via Manzoni wieder Richtung Dom. Alle großen Designer von Armani bis Ermenegildo Zegna haben hier ihre Showrooms, einer spektakulärer als der andere. Wenn die Dame etwa das original »Sex and the City«-Feeling erleben möchte, kann sie im Schuhparadies von **Jimmy Choo** › S. 102 ein Paar Stilettos anprobieren. Eine Erfrischung gefällig? Eines der schönsten Cafés Mailands ist das **Caffè-Pasticceria Cova** › S. 102 in der Via Monte Napoleone 8.

An der Piazza della Scala vor dem renommierten Opernhaus

TOUR 7

EIN WOCHENENDE IN MAILAND

VERLAUF: Santa Maria delle Grazie (»Abendmahl« von Leonardo da Vinci) › Sant'Ambrogio › Peck Feinkost › Piazza del Duomo › Dom › Galleria Vittorio Emanuele II › Scala › Quadrilatero d'oro › Navigli › Pinacoteca di Brera › Parco Sempione › Castello Sforzesco › Piazza del Duomo

KARTE: Faltkarte
DAUER: Die Gehzeiten betragen an beiden Tagen je 5–6 Std.
VERKEHRSMITTEL: Zu den Navigli fährt die Metrolinie Ⓜ 2 bis zur Station Porta Genova. Da das Programm viele Außenbesichtigungen beinhaltet, sollte das Wetter gut sein. Für Restaurantbesuche sollte man vorbestellen oder früh kommen!

Der SAMSTAG folgt der **Tour 6** »Ein Tag in Mailand« › S. 144. Danach haben Sie sich einen entspannten Abend verdient. Der richtige Ort dafür sind die **Navigli** › S. 136, das viel Flair bietende Ausgehviertel von Mailand an den Kanälen. Ab der Metrostation Porta Genova gelangen Sie die Via Vegevano hinunter zur **Darsena** › S. 137, dem ehemaligen Hafen. Dort reihen sich die verschiedensten Bars aneinander, eine der angesagtesten ist **El Brellin** › S. 47

An den Kanälen von Navigli zeigt Mailand sein ursprüngliches Gesicht

in der Alzaia am Naviglio Grande. Hunger? Nach einem kurzen Blick in den **Vicolo dei Lavandai** › S. 138, wo sich, unter Holzdächern, noch die alten Waschplätze erhalten haben, ist die **Luca e Andrea Café-Bar** › S. 37 an der Uferpromenade ein Tipp. Dort werden zu günstigen Preisen u.a. fantastische Gnocchi serviert.

Der SONNTAG beginnt mit einem Besuch in der **Pinacoteca di Brera** › S. 110, der bedeutendsten Bildersammlung der Stadt. Anschließend bietet sich ein Spaziergang im **Parco Sempione** › S. 88 an, in dem auch eine Reihe von Gartenlokalen Besucher anlockt. Der Park ist von der Brera aus in nur wenigen Minuten über die Via Pontaccio und Via Tivoli zu erreichen. Bei schlechtem Wetter lädt der **Palazzo dell'Arte** › S. 88 mit seinem Designmuseum zu einem Besuch ein. Zur Stadtmitte zurück gehen Sie am besten durch das mächtige **Castello Sforzesco** › S. 84 mit seinem riesigen Innenhof – ein Stück Mailänder *grandezza*. Das Castello beherbergt die städtischen Kunstsammlungen und besitzt mit der **Pietà Rondanini** › S. 87 das letzte (unvollendete) Werk von Michelangelo.

Über den Largo Cairoli und die beiden Prachtstraßen **Via Dante** › S. 83 und Via Orefici geht es wieder Richtung **Dom** › S. 70. Jetzt, am späten Nachmittag, treffen sich dort die Mailänder, um zwanglos zu bummeln. Tun Sie es auch!

TOUR 8

EIN VERLÄNGERTES GENIESSERWOCHENENDE IN MAILAND

VERLAUF: Piazza del Duomo › Dom › Galleria Vittorio Emanuele II › Scala › Peck Feinkost › Cimitero Monumentale › Isola › Corso Como › Piazza Gae Aulentit › Sant'Ambrogio › S. M. delle Grazie (»Abendmahl« von Leonardo da Vinci) › Parco Sempione › Castello Sforzesco › Pinacoteca di Brera › Quadrilatero d'oro › Navigli › San Lorenzo › S. M. presso San Satiro

KARTE: Faltkarte
DAUER: Vier Tage, vorzugsweise von Do–So, mit je 4–5 Std. Gehzeit, am ersten Tag mit 5–6 Std. etwas länger
VERKEHRSMITTEL: Zum Dom fahren die Ⓜ Linien 1 und 3, zum Cimitero Monumentale die Straßenbahnen Nr. 12 und 14 ab der Piazza Cordusio. Zu den Navigli fährt die Ⓜ Linie 2 bis zur Station Porta Genova. Montags sind die Museen geschlossen.

DER 1. TAG Ihrer Genießertage beginnt an der **Piazza del Duomo** › S. 69. Lassen Sie bei einem Espresso in einem der Cafés unter den Arkaden das Treiben auf sich wirken. Eine andere Perspektive der Stadt bietet sich Ihnen dann vom Dach des **Doms** › S. 70. Gleich rechts neben der Kathedrale erhebt sich der **Palazzo Reale** › S. 74 mit seiner schlichten Fassade. Direkt daneben wurde im **Palazzo dell'Arengario** › S. 75, einem Bau aus der Zeit des Faschismus, das beeindruckende Museo del Novecento für Kunst des 20. Jhs. eröffnet. Die andere Seite des Platzes wird von der **Galleria Vittorio Emanuele II** › S. 93 eingenommen, deren Architektur die mondäne Pracht der Belle Époque widerspiegelt. Ein Muss ist der Besuch in der Bar **Camparino** › S. 94, wo das Nationalgetränk aus Mailand, der Campari, erstmals ausgeschenkt wurde.

Durch die Galleria geht es zur Piazza della Scala, wo das weltberühmte Opernhaus steht. Im **Museo Teatrale alla Scala** › S. 96 erzählen Kostüme und Bühnenbildentwürfe die glanzvolle Geschichte des Hauses. Für ein *pranzo,* ein Mittagessen, ist der beste Platz die Gegend um die nahe Piazza Cordusio, wo die Börsianer ihre Mittagspause verbringen. Besonders stilvoll ist die **Peck Italian Bar** › S. 34. Noch nicht hungrig? Bei **Peck** › S. 81, dem 3000 m² großen Delikatessengeschäft, werden Sie es sicher.

Mit der Straßenbahn geht es von der Piazza Cordusio zum **Cimitero Monumentale** › S. 114. Dort versuchten die Mailänder Bürger, auch nach ihrem Ableben ihren Reichtum durch imposante Gräber unter Beweis zu stellen. Die Via G. Ferrari bringt Sie zum Bahnhof Porta Garibaldi. Von dort bis zur Stazione Centrale erstreckt sich das Viertel **Isola** › S. 118 mit seinen kleinen Läden und Werkstätten. Direkt an der Stazione Garibaldi lädt die Fußgängerzone **Corso Como** › S. 116 zu einem Bummel ein. Einen (Architektur-) Abstecher wert sind hier die hypermoderne **Piazza Gae Aulenti** › S. 117 mit der Torre UniCredit sowie die Hochhäuser **Bosco Verticale** › S. 117 mit »bewaldeter« Fassade. Anschließend tut ein Snack gut, z. B. von der Bäckerei **Princi** › S. 116. Die ausgezeichnete Pizza überreichen dort von Armani eingekleidete Angestellte.

DER 2. TAG beginnt mit der Besichtigung der **Basilica di Sant'Ambrogio** › S. 126 mit ihrer mittelalterlichen Ausstattung (Ⓜ 2 bis zur Station Sant'Ambrogio). Dass Leonardo auch Erfinder war, kann man anschließend im **Museo Nazionale della Scienza e della Tecnologia** › S. 125 in der Via San Vittore erfahren. Sein Meisterwerk als Maler hinterließ er im fünf Gehminuten entfernten Kloster von **Santa Maria delle Grazie** › S. 120. Seit seiner letzten Restaurierung (1980–1999) ist das **Cenacolo Vinciano** › S. 122, »Das Abendmahl« von Leonardo da Vinci, eine Mailänder Top-Attraktion (Tickets unbedingt Wochen vorher reservieren!).

Die grüne Oase Mailands ist der **Parco Sempione** › S. 88 hinter dem Castello Sforzesco. Im **Palazzo dell'Arte** › S. 88 im Park findet seit den 1930er-Jahren die Kunstschau der Triennale statt, angegliedert ist ein sehenswertes

Designmuseum. Im trutzigen **Castello Sforzesco** › S. 84 ist die **Pietà Rondanini** › S. 87, Michelangelos letztes Werk, ein Höhepunkt der städtischen Kunstsammlungen. Zum Dom zurück bummelt man über die **Via Dante** › S. 83.

DER 3. TAG startet mit einem Besuch der **Pinacoteca di Brera** › S. 110. Zu sehen sind die Werke aller bedeutenden Maler Italiens seit dem Mittelalter. Danach können Sie zeitgenössische Kunst in den Galerien rund um die Kunstakademie betrachten, bevor es Richtung Via Manzoni geht. Dort sind Sie mitten im legendären **Quadrilatero d'oro** › S. 92, dem Goldenen Viereck der Mode. Allein die Auslagen der Läden sind den Besuch der Gegend wert. Am Nordostrand des *quadrilatero*, jenseits der Via Senato, befinden sich die **Giardini Pubblici** › S. 104, die zum Spazierengehen einladen. Naturfreunde lockt das **Museo Civico di Storia Naturale** › S. 105 an. Ein abendlicher Höhepunkt ist der Besuch einer Aufführung in der **Scala** › S. 94.

DER 4. TAG führt Sie zu den **Navigli** › S. 136, die zu einem ausgedehnten Bummel einladen. Ganz besonders am letzten Sonntag im Monat, wenn dort der **Mercatone dell'Antiquariato** › S. 138 abgehalten wird. Für einen Mittagssnack gehen Sie dann in die **Luca e Andrea Café-Bar** › S. 37, wo es köstliche Nudelgerichte gibt. Zurück Richtung Centro storico (Altstadt) queren Sie die Piazza Ticinese und spazieren über den Parco delle Basiliche zur Kirche **San Lorenzo Maggiore** › S. 130. Durch die **Porta Ticinese medievale** › S. 132 und an den antiken Säulen vor San Lorenzo vorbei gelangen Sie zur Via Torino. **Santa Maria presso San Satiro** › S. 75 lohnt mit ihrer perspektivischen Scheinapsis immer einen Besuch, was auch für die nahe gelegene **Pinacoteca Ambrosiana** › S. 80 gilt.

Entspannung vor schöner Kulisse im Parco Sempione

INFOS VON A–Z

ÄRZTLICHE VERSORGUNG

Zur Inanspruchnahme medizinischer Leistungen in Italien benötigen Mitglieder von gesetzlichen Krankenkassen die Europäische Krankenversicherungskarte (EHIC), die in die übliche Gesundheitskarte integriert ist. Für EU-Bürger ist die ambulante Behandlung in Krankenhäusern kostenlos. Bei kleineren Verletzungen kann man sich an den *Pronto Soccorso,* eine Erste-Hilfe-Station, wenden. Ärzte ziehen meist Barzahlung vor, daher sollte man für die Kostenrückerstattung auf einer detaillierten Rechnung bestehen. Wer ganz sichergehen will, sollte eine Auslandskrankenversicherung abschließen.

Große Krankenhäuser im Zentrum:

- **Ospedale Fatebenifratelli,** Corso di Porta Nuova 23, Tel 02 63 63-1
- **Ospedale Maggiore Policlinico,** Via Francesco Sforza 28, Tel. 02 55 03-1

APOTHEKEN

Farmacie sind in der Regel Mo–Sa von 9–12.30 und von 15.30–19 Uhr geöffnet. Wer regelmäßig Medikamente einnimmt, sollte diese jedoch von zu Hause mitbringen. Im Hauptbahnhof gibt es eine Apotheke, die auch an Sonn- und Feiertagen 8–22 Uhr geöffnet hat (Tel. 02 66 90 735). Täglich rund um die Uhr ist die Farmacia Boccaccio in der Via Giovanni Boccaccio 26 geöffnet (Tel. 02 469 52 81).

AUSKUNFT

- **Flugauskunft:** Für die beiden Flughäfen Linate und Malpensa Tel.02 23 23 23, www.sea-aeroportimilano.it
- **Zugauskunft:** Für alle Mailänder Bahnhöfe: Tel. 8 92 0 21 (kostenpflichtig), www.trenitalia.it
- **Öffentliche Verkehrsmittel:** ATM: Zentrale Tel. 02 48 607 607, www.atm.mi.it. ATM-Infopoints an den Haltestellen Duomo, Centrale und Cadorna Largo Ascari (Ⓜ Castello), alle ATM-Infopoints Mo–Sa 7.45–20 Uhr).
- **Veranstaltungen:** Im *Corriere della Sera* erscheint donnerstags die Beilage »ViviMilano« mit einer Liste aller kulturellen Ereignisse der folgenden Woche, die auch online unter www.vivimilano.corriere.it veröffentlicht wird. Neben touristischen Informationen ist unter www.milano24ore.de auch ein Veranstaltungskalender auf Deutsch abrufbar. Veranstaltungstipps findet man außerdem unter www.wheremilan.com/events und www.milanotoday.it/eventi sowie direkt oder online beim IAT Milano › S. 151.

BARRIEREFREIES REISEN

Auf Rollstuhlfahrer sind nur wenige Museen eingerichtet. Kirchen kann man meist problemlos besichtigen. Eine Adressenliste mit behindertengerechten Hotels erhält man bei der Touristeninformation oder unter www.milanopertutti.it.

DIPLOMATISCHE VERTRETUNGEN

- **Deutschland:** Generalkonsulat, Via Solferino 40, 20121 Milano, Tel. 02 6 23 11 01, www.mailand.diplo.de
- **Österreich:** Generalkonsulat, Piazza del Liberty 8/4, 20121 Milano, Mo–Fr 9–12 Uhr, Tel. 02 77 80 78-0, www.aussenministerium.at/mailandgk
- **Schweiz:** Generalkonsulat, Via Palestro 2, 20121 Milano, Tel. 02 7 77 91 61, www.eda.admin.ch/milano

EINREISE

EU-Bürger und Schweizer müssen einen gültigen Personalausweis bzw. eine Identitätskarte oder einen gültigen Reisepass mitführen. Dies gilt auch für Kinder jeden Alters.

FEIERTAGE

- 1. Januar: Neujahr – *Capodanno*
- 6. Januar: Hl. drei Könige – *Epifania, Befana*
- Ostermontag: *Lunedi dell'angelo, Pasquetta*
- 25. Apri: Tag der Befreiung - *Festa della liberazione*
- 1. Mai: Tag der Arbeit – *Festa del lavoro*
- 2. Juni: Gründung der Republik – *Festa della Repubblica*
- 15. August: Mariä Himmelfahrt – *Festa della assunzione, Ferragosto*
- 1. November: Allerheiligen – *Ognissanti*
- 7. Dezember: Fest zu Ehren von Mailands Stadtheiligen St. Ambrosius – *Festa di Sant'Ambrogio*
- 8. Dezember: Mariä Empfängnis – *Immacolata concezione*
- 25./26. Dezember: Weihnachten – *Natale*

FUNDBÜRO

Ufficio oggetti rinvenuti del Commune, Via Friuli 30, Mo–Fr 8.30–12 u. 13 bis 15.30 Uhr, Tel. 02 88 45 39 00

GELD

Zum Abheben von Bargeld stehen in Mailand flächendeckend EC-Automaten (Maestro, V Pay) zur Verfügung. Zur bargeldlosen Bezahlung werden gängige Kreditkarten und auch EC-Karten vielerorts akzeptiert. In einfachen Restaurants zahlt man bar.

URLAUBSKASSE

• Espresso/Cappuccino im Stehen	1,20/1,80 €
• Softdrink am Tisch	5 €
• Glas Bier am Tisch	8,50 €
• Panino (Sandwich)	7 €
• Kugel Eis	2,50 €
• Taxifahrt (Kurzstrecke, 8 km)	15 €
• Mietwagen (pro Tag)	ab 25 €

HAUSTIERE

Hunde und Katzen müssen mit einem Mikrochip markiert sein und benötigen den EU-Heimtierpass, den jede Tierarztpraxis ausstellt. In diesem wird auch die gültige Tollwutimpfung bestätigt. Für Hunde sind Maulkorb und Leine Pflicht.

INFORMATION

- **Deutschland und Schweiz**: Italienische Zentrale für Tourismus ENIT, Barckhausstr. 10, 60325 Frankfurt a. M., Tel. 069 23 74 34, frankfurt@enit.it, www.enit.de
- **Österreich:** Italienische Zentrale für Tourismus ENIT, Mariahilfer Str. 1b /XVI, 1060 Wien, Tel. 01 5 05 16 30 12, vienna@enit.it, www.enit.at
- **Mailand:** InfoMilano, IAT, Galleria Vittorio Emanuele II/Ecke Piazza della Scala, Tel. 02 88 45 55 55; Mo–Fr 9–19, Sa 9–18, So 10–18 Uhr; www.turismo.milano.it (div. Sprachen, u. a. Deutsch); IAT Milano, Stazione Centrale/vor Gleis 13/14, Tel. 02 77 40 43-18 od. -19; Mo–Sa 9–18, So 9–13 u. 14–17, So/Fei 9–13.30 u. 14–17 Uhr

INTERNET

Mehrere Hundert Hotspots in der Stadt ermöglichen den kostenfreien Zugang zum Drahtlosnetz. Wählen Sie die Verbindung WLAN-Netzes OpenWifi Milano aus und melden Sie sich an. Innerhalb einer Stunde kann man 300 MB in Highspeed nutzen, danach langsamer surfen. Mehr Infos findet man unter http://info.openwifimilano.it.

MESSEN

Mit der neuen Messe in Rho Pero besitzt die lombardische Metropole eines der größte Ausstellungszentren weltweit (2 Mio. m²!) und im jährlichen Messekalender haben quasi alle wichtigen Branchen ihren Platz.

Bekannt ist Mailand natürlich für Mode. Das Messejahr beginnt mit der Milano Collezioni Uomo und endet mit neuesten Trends für Accessoires. Die international bedeutenden Modemessen, die Milano Collezioni, finden jeweils im Frühjahr und im Herbst statt.

- **Messe Mailand**: Fiera Milano, Piazzale Giulio Cesare, Rho, 20145 Milano, Tel. 02 49 97-1, www.fieramilano.com

NETZSPANNUNG

Die Netzspannung beträgt 220 und 230 Volt. Passen Stecker nicht, kann man im Elektrofachhandel einen Adapter *(spina di adattamento)* kaufen.

NOTRUFNUMMERN

- Zentraler Euronotruf (Carabinieri, Unfallrettung): Tel. 112
- Polizei: 113
- Feuerwehr: 115
- Pannendienst des ACI: Tel. 80 31 16, für ausländische Mobiltelefone: Tel. 800 000 116

ÖFFNUNGSZEITEN

Die meisten **Geschäfte** sind Montag bis Samstag von 9 bis 12.30 und von 15 / 16 bis 19.30 Uhr geöffnet, doch die Ladenschlusszeiten werden in Mailand sehr flexibel gehandhabt. Große Kaufhäuser haben meist über Mittag geöffnet, manchmal auch sonntags. Lebensmittel- und Einzelhandelsgeschäfte sind manchmal Montag vormittags oder Mittwoch nachmittags geschlossen.

Für **Museen** gibt es keine einheitlichen Öffnungszeiten, die meisten haben jedoch montags Ruhetag.

Kirchen sind vormittags bis 12 und in der Regel wieder von 16 bis 19 Uhr zu besichtigen. Selbstverständlich verbieten sich Besichtigungen während der Gottesdienste.

Tankstellen schließen oft über Mittag und öffnen erst wieder um 15 Uhr. Auch abends kann es schwierig werden, geöffnete Tankstellen zu finden – es gibt jedoch Zapfsäulen mit Tankautomaten.

POST

Briefmarken *(francobolli)* gibt es in allen Bars und Geschäften mit dem schwarzen »T«-Zeichen *(tabacchi)* sowie an vielen Souvenirständen. Briefe und Postkarten nach Deutschland, Österreich und in die Schweiz kosten 1,10 €.

Das Mailänder **Hauptpostamt** liegt an der Via Cordusio 4 (Mo–Fr 8.30–19, Sa 8.30 bis 12.30 Uhr).

RECHNUNGEN

Seit Jahrzehnten existiert in Italien die Aufbewahrungspflicht für Kassenbons, um die grassierende Steuerhinterziehung im Handel und bei Dienstleistungen zu bekämpfen. Inzwischen gibt es zwar seitens der Regierung Pläne, dass alle Umsätze von Gewerbetreibenden online direkt ans Finanzamt übermittelt werden.

Aber bis dahin sollten Italienreisende den Kassenbon *(scontrino)* aus dem Laden, Supermarkt oder der Bar mitnehmen. Auch über alle Dienstleistungen, etwa im Restaurant oder beim Friseur, sollte man sich eine Quittung *(ricevuta fiscale)* ausstellen lassen. Denn bei möglichen Kontrollen der Finanzpolizei *(guardia di finanza)* muss man die Belege vorweisen, sonst drohen empfindliche Strafen wegen Unterstützung der Steuerhinterziehung.

SICHERHEIT

Weder ängstlich noch leichtsinnig sollte man durch die Straßen gehen. In Mailand herrscht vor allem Beschaffungskriminalität; die Stadt hat viele Drogenabhängige. Gängige Vorsichtsmaßnahmen: Nie Wertsachen im Auto liegenlassen; wenn möglich, das Autoradio herausnehmen;

Die nächtlich illuminierte Galleria Vittorio Emanuele II

immer die Handtasche gut festhalten. Nach Anbruch der Dunkelheit sollte man die Parks und manche Außenbezirke besser meiden. Die Benutzung der Metro ist auch abends ungefährlich.

STADTRUNDFAHRTEN

In (offenen) Doppeldeckerbussen von **Milano City Sightseeing** kann man mit einem Tages- oder Zwei-Tage-Ticket die Stadt erkunden, z. B. ab Piazza Castello, und dabei beliebig oft ein- und aussteigen. Der Preis beträgt 22 € für einen Tag bzw. 25 € für zwei Tage Kinder (5 bis 15 Jahre) zahlen einheitlich 10 €. Die Busse verkehren tgl. von 9.30 bis 16 / 17 Uhr alle 45 / 60 Minuten. Informationen findet man unter www.hop-on-hop-off-bus.com (auch in Deutsch).

TELEFON

Telefonieren mit Handy bzw. Smartphone funktioniert in Mailand besten, Roaming ist problemlos möglich, wofür nach EU-Regelung keine Extra-Kosten anfallen.

Telefonzellen werden immer rarer, vor allem Münzfernsprecher. Öffentliche Telefone funktionieren überwiegend mit Telefonkarte *(scheda telefonica*, Aussprache: »skeda telefonika«). Diese gibt es u. a. in Bars und an Kiosken *(tabacchi)*.

Die **Ländervorwahlen** von Italien aus sind: Deutschland 00 49, Österreich 00 43, Schweiz 00 41, dann folgen die Ortsvorwahl ohne 0 und die Durchwahl.

Die internationale Vorwahl Italiens ist 00 39, bei der Ortskennziffer muss die 0 mitgewählt werden (z. B. Mailand 00 39 02 ...). Die ehemalige Vorwahlnummer ist fester Bestandteil der Telefonnummer, also auch bei Ortsgesprächen (z. B. 02 für Mailand). Italienische Handynummern beginnen ohne 0.

ZOLL

Innerhalb der EU sind Geschenke und Mitbringsel für den persönlichen Gebrauch zollfrei. Richtmengen pro Person über 17 Jahre: 800 Zigaretten, 10 l Spirituosen, 90 l Wein.

Für Bürger der Schweiz gelten die folgenden Freimengen: 200 Zigaretten, 1 l Spirituosen, 2 l Wein sowie Souvenirs bis ca. 300 CHF.

REGISTER

BILDNACHWEIS

Coverfoto Tram Ventotto, Mailand © Seasons Agency/Jalag/Spörl, Lukas
Fotos Umschlagrückseite Jahreszeiten Verlag/Spörl, Lukas (links); Camparino in Galleria (Mitte); Shutterstock/marcociannarel (rechts)

Alamy/Painting: 101; APA Publications/Miller, Ros: 126; Camparino in Galleria: 28; Fotolia/hal_pand_108: 143; Fotolia/Orrù, Alessio: 145; Fotolia/photocreo: 153; Fotolia/Ricci, Franco: 131; gemeinfrei: 105; Getty Images/EyeEm/Licandro, Federico: 71; Getty Images/Jacques, Pierre: 20/21; Getty Images/Jung, Martin: 129; Getty Images/Lombardo, Vincenzo: 14; Getty Images/Matos, Fred: 12; Getty Images/zodebala: 17; Hartmann, Herbert: 133; Huber Images/Arduino, Marco: 108, 117; Huber Images/Pignatelli, Massimo: 6/7; Jahreszeiten Verlag/GourmetPictureGuide: 39; Jahreszeiten Verlag/Körte, Christina: 10, 114, 136, 146; Jahreszeiten Verlag/Koschel, Philip: 106; Jahreszeiten Verlag/Spörl, Lukas: 23, 26, 66/67, 95; Kilimann, Susanne: 8 o.; laif/ChinaFotoPress: 90, 91; laif/hemis.fr/Borgese, Maurizio: 48/49; mauritius images/Alamy/ASK Images: 116; mauritius images/Alamy/Bailey-Cooper Photography: 76; mauritius images/Alamy/Eastland, Adam: 16, 58; mauritius images/Alamy/EmmePi Images: 92; mauritius images/Alamy/Karpinski, Boris: 107; mauritius images/Alamy/Visentini, Valentino: 53; Mauritius Images/CuboImages: 56; mauritius images/CuboImages/Buttarelli, Eddy: 80; mauritius images/Imagebroker: 85; mauritius images/Mattes, Rene: 72; Pixelio/Stefan: 60; Seasons Agency/GourmetPictureGuide: 34, 43; Shutterstock/AAAL: 140; Shutterstock/Casimiro PT: 102; Shutterstock/Castelli, Adriano: 65; Shutterstock/Colombo, Claudio Giovanni: 127; Shutterstock/columbo.photog: 15; Shutterstock/CSLD: 74; Shutterstock/Divizia, Claudio: 149; Shutterstock/Eyesonmilan: 121; Shutterstock/marcociannarel: 119; Shutterstock/Mykolastock: 9; Shutterstock/pcruciatti: 8 u.; Shutterstock/Rotenberg, Alexandre: 37; Shutterstock/S., Tatiana: 68; Shutterstock/Sedmakova, Renata: 112; Shutterstock/ValeStock: 98; Shutterstock/ventdusud: 62; stock.adobe.com/Andronov, Leonid: 47; stock.adobe.com/Nikokvfrmoto: 89; stock.adobe.com/Rotenberg, Alexandre: 18; Web Gallery of Art: 123; Wikipedia/Dall'Orto Giovanni: 83.

Liebe Leserin, lieber Leser,
wir freuen uns, dass Sie sich für diesen POLYGLOTT on tour entschieden haben.
Unsere Autorinnen und Autoren sind für Sie unterwegs und recherchieren sehr gründlich, damit Sie mit aktuellen und zuverlässigen Informationen auf Reisen gehen können.
Dennoch lassen sich Fehler nie ganz ausschließen. Wir bitten Sie um Verständnis, dass der Verlag dafür keine Haftung übernehmen kann.

Ihre Meinung ist uns wichtig. Bitte schreiben Sie uns:
GRÄFE UND UNZER VERLAG
Postfach 86 03 66, 81630 München, Tel. 0 89 / 419 819 41
www.polyglott.de

LESERSERVICE
polyglott@graefe-und-unzer.de
Tel. 0 800 / 72 37 33 33 (gebührenfrei in D, A, CH), Mo–Do 9–17 Uhr, Fr 9–16 Uhr

1. Auflage 2019

Dieses Buch wurde auf chlorfrei gebleichtem Papier gedruckt.
ISBN 978-3-8464-0386-0

Bei Interesse an maßgeschneiderten B2B-Editionen:
gabriella.hoffmann@graefe-und-unzer.de

Verlagsredaktion: Anne-Katrin Scheiter
Autorin: Susanne Kilimann
Redaktion: Christian Steinmaßl
Bildredaktion: Marie Danner
Mini-Dolmetscher: Langenscheidt
Umschlaggestaltung & Layout:
Independent Medien Design, München
Horst Moser (Artdirection), Lucie Heselich
Karten und Pläne: Theiss Heidolph und Kunth Verlag GmbH & Co. KG
Satz: uteweber-grafikdesign
Herstellung: Anna Bäumner
Druck und Bindung:
Printer Trento, Italien

PEFC
PEFC/18-31-506

GRÄFE UND UNZER

Ein Unternehmen der
GANSKE VERLAGSGRUPPE

MINI-DOLMETSCHER ITALIENISCH

ALLGEMEINES

Guten Tag.	Buongiorno. [buon**dschor**no]
Hallo!	Ciao! [**tscha**o]
Wie geht's?	Come sta? [**ko**me sta]
Danke, gut.	Bene, grazie. [**bä**ne **gra**zje]
Ich heiße ...	Mi chiamo ... [mi kjamo]
Auf Wiedersehen.	Arrivederci. [arriwe**der**tschi]
Morgen	mattina [mat**ti**na]
Nachmittag	pomeriggio [pome**ridscho**]
Abend	sera [**ß**era]
Nacht	notte [**not**te]
morgen	domani [do**ma**ni]
heute	oggi [**odschi**]
gestern	ieri [**jä**ri]
Sprechen Sie Deutsch?	Parla tedesco? [**par**la te**des**ko]
Wie bitte?	Come, prego? [**ko**me **prä**go]
Ich verstehe nicht.	Non capisco. [non ka**pis**ko]
Sagen Sie es bitte nochmals.	Lo può ripetere, per favore. [lo pu**o** ri**pä**tere per fa**wo**re]
..., bitte.	..., per favore. [per fa**wo**re]
danke	grazie [**gra**zje]
Keine Ursache.	Prego. [**prä**go]
was / wer / welcher	che / chi / quale [ke / ki / ku**a**le]
wo / wohin	dove [**do**we]
wie / wie viel	come / quanto [**ko**me / ku**an**to]
wann / wie lange	quando / quanto tempo [ku**an**do / ku**an**to **täm**po]
warum	perché [per**ke**]
Wie heißt das?	Come si chiama? [**ko**me ßi kjama]
Wo ist ...?	Dov'è ...? [do**wä**]
Können Sie mir helfen?	Mi può aiutare? [mi pu**o** aju**ta**re]
ja	sì [ßi]
nein	no [no]
Entschuldigen Sie.	Scusi. [**sku**si]
Gibt es hier eine Touristeninformation?	C'è un ufficio di turismo qui? [**tschä** un uf**fi**tscho di tu**ris**mo ku**i**]
Haben Sie einen Stadtplan?	Ha una pianta della città? [a **u**na pj**an**ta **del**la tschit**ta**]
Wann ist ... geöffnet?	A che ora è aperto (m.) / aperta (w.) ...? [a **ke o**ra ä a**pär**to / a**pär**ta]
das Museum	il museo (m.) [il mu**se**o]

SHOPPING

Wo gibt es ...?	Dove posso trovare ...? [**do**we **pos**so tro**wa**re]
Wie viel kostet das?	Quanto costa? [ku**an**to **kos**ta]
Wo ist eine Bank?	Dov'è una banca? [do**wä** una **bang**ka]
Ich suche einen Geldautomaten.	Dove posso trovare un bancomat? [**do**we **pos**so tro**wa**re un bangko**mat**]
Geben Sie mir 100 g Käse / zwei Kilo Pfirsiche	Mi dia un etto di formaggio / due chili di pesche. [mi **di**a un **ät**to di for**madscho** / **due ki**li di **päs**ke]
Wo kann ich telefonieren / eine Telefonkarte kaufen?	Dove posso telefonare / comprare una scheda telefonica? [**do**we **pos**so telefo**na**re / kom**pra**re una **ske**da tele**fo**nika]

ESSEN UND TRINKEN

Die Speisekarte, bitte.	Il menu per favore. [il me**nu** per fa**wo**re]
Brot	pane [**pa**ne]
Kaffee	caffè / espresso [kaf**fä** / es**präs**so]
Tee	tè [tä]
mit Milch / Zucker	con latte / zucchero [kon **lat**te / **zuk**kero]
Orangensaft	succo d'arancia [**suk**ko da**ran**tscha]
Mehr Kaffee, bitte.	Un altro caffè, per favore. [un **al**tro kaf**fä** per fa**wo**re]
Suppe	minestra [mi**näs**tra]
Nudeln	pasta [**pas**ta]
Fisch / Meeresfrüchte	pesce / frutti di mare [**pe**sche / **frut**ti di **ma**re]
Fleisch	carne [**kar**ne]
Geflügel	pollame [pol**la**me]
Beilage	contorno [kon**tor**no]
vegetarische Gerichte	piatti vegetariani [pj**at**ti wedschetar**ja**ni]
Ei	uovo [u**o**vo]
Salat	insalata [inßa**la**ta]
Dessert	dolci [**dol**tschi]
Obst	frutta [**frut**ta]
Eis	gelato [dsche**la**to]
Wein	vino [**wi**no]
Bier	birra [**bir**ra]
Wasser	acqua [**a**kua]
Mineralwasser	acqua minerale [akua mine**ra**le]
mit / ohne Kohlensäure	gassata / naturale [gas**sa**ta / natu**ra**le]
Ich möchte bezahlen.	Il conto, per favore. [il **kon**to per fa**wo**re]

MEINE ENTDECKUNGEN

Teilen Sie Ihre Entdeckungen auf facebook.com/Polyglottreisewelt.

CHECKLISTE MAILAND

Nur da gewesen oder schon entdeckt?

- [ ] **MAILAND VON OBEN**
Die Domterrassen › S. 71 und die Torre Branca › S. 89 bieten spektakuläre Blicke auf »Italiens New York«.

- [ ] **WINDOW-SHOPPING**
Mit einer geballten Dröhnung Luxus warten die Schaufenster in der Via Monte Napoleone und ihren Seitenstraßen auf › S. 101.

- [ ] **TRADITIONELLE KÜCHE**
Im raffinierten Mailand muss niemand auf eine ehrliche Küche mit bodenständigen Genüssen verzichten: Lokale wie die Trattoria Casottel sind dafür die richtigen Adresse › S. 36.

- [ ] **KUNST DRINNEN UND DRAUSSEN**
Auch im Parco Sempione › S. 88 und auf dem Cimitero Monumentale › S. 114 begegnet man spannender Freiluft-Kunst.

- [ ] **LEONARDO DA VINCI**
Unter anderem mit seinen Skizzen in der Biblioteca Ambrosiana ist das Genie allgegenwärtig › S. 80.

- [ ] **BESUCH IN DER SCALA**
Ein Abend in der Oper (falls man Karten ergattert) oder zumindest eine Führung durch das Museum der Scala gehören zu einem Mailand-Besuch › S. 95, 97.

- [ ] **FUTURISTISCHE ARCHITEKTUR**
Mailand kann auch hypermodern: Auf dem Gelände der alten Messe ist ein ganzer neuer Stadtteil, das visionäre Quartiere CityLife entstanden, das die Handschrift von Stararchitekten wie Daniel Libeskind oder Zaha Hadid trägt › S. 63.

MITBRINGSEL

- **Trüffelcreme aus der Tube:** Die exklusive schmackhafte Paste gibt es in La Fungheria › S. 42.
- **Cooles Alessi-Design:** Die ultimative Espressokanne »Moka Ossidiana«, natürlich von Alessi Milano › S. 39.